LA BIBLIA DEL CLOSER HIGH TICKET

LA FILOSOFÍA DEFINITIVA DE CRECIMIENTO DIARIO QUE PERMITE GANAR MILES DE DÓLARES AL MES CERRANDO VENTAS DE ALTO VALOR

AUGUSTO BIANCHI

ÍNDICE

Agradecimientos   9

Prólogo: el "Messi" de las ventas   11

Prólogo: la cultura del millón en ventas   13

Prólogo: la obsesión es transformación   14

NOTAS   16

PRIMERA PARTE: INTRODUCCIÓN AL CLOSER HIGH TICKET   19

Cómo usar esta Biblia   21

¿Quién carajos soy y por qué puedo enseñarte a facturar dos mil dólares en un día?   21

Lo que esta Biblia puede hacer por vos   24

Un closer es más de lo que crees   27

Un closer (High Ticket) es más de lo que crees   31

Un closer High Ticket es como el oro   33

Un closer High Ticket no es   39

¿Qué más necesita un closer de Ventas High Ticket?   41

Controla la llamada: tu autoconcepto es el marco   42

Los 7 conceptos e ideas básicas (pero poderosas) de venta que todo closer debe dominar   44

Todo lo que no está a mi favor está a mi favor: cómo dar la vuelta a una situación en contra   46

El viejo testamento   48

El nuevo testamento: el poder de la asunción   50

SEGUNDA PARTE: LAS 8 ETAPAS DEL PROCESO DE CIERRE   53

1. Generación química   57

2. Controla la energía: Seteo del marco	61
3. Cualificación	67
4. El enganche transicional	87
5. Presentación	91
6. Cierre	95
7. Negociación: que no te expriman como un limón	111
8. Así haces que te vuelvan a comprar: Postventa	119
Adapta este guion y prepara tu cuenta bancaria	122

TERCER PARTE: LOS SECRETOS DE BRUJO QUE TE CONVERTIRÁN EN EL LIONEL MESSI DEL CLOSING DE VENTAS HIGH TICKET — 129

Amiguismo vs Autoridad: deja de ser un pussy agradador	131
¿Aportar valor masivo? ¡No seas imbécil!	133
Cállate la puta boca	136
Cállate la puta boca (de vuelta)	137
No respondas a tus propias preguntas	138
A las preguntas del lead se responde con preguntas	139
Qué hacer con las evasivas…	143
… y los monosílabos	146
Respuesta de peso vs paja	147
¿Te vas a conformar con eso?	150
Las malas rachas	152
La Venta Asumida	158
El clavo y el martillo: adaptabilidad social y nivel de conciencia del lead	162
Tu termostato financiero	164

Si no quieren prender la cámara...	168
Haz esto con ese lead narcisista...	175
... y con esos leads españoles	177
No permitas microrobos de control del marco	178
Que la pendeja no te desvíe	180
Take Away	182
Despide a tu cuñado	184
Las 4 variables que determinan si un lead compra	185
La energía masculina es venta	186
La Venta Subliminal (siembra y cosecharás)	188
El beso por delante (y el precio también)	190
La sumatoria hace la excelencia	193
CUARTA PARTE: CIERRA TODO LO QUE CAMINA. ASÍ LOGRÉ EL 90% EN MI TASA DE CIERRE	**195**
TIPOS DE OBJECIONES Y CIERRES	197
Cierre de "Soy de LATAM, no quiero pagar en dólares"	197
Cierre de J BALVIN	198
Cierre de Megan Fox	199
Cierre de T. Harv Ecker	199
Cierre de Referentes	200
Cierre Robert Kiyosaki	200
Cierre de los burpees	201
Cierre del muéstrame el tiempo en pantalla	201
Cierre de las cuentas	201
Cierre del alumno y del maestro	202

Cierre del espiritual	202
Cierre del cronómetro	202
Cierre del examen	203
Cierre del Preso	203
Cierre de las buenas y malas decisiones:	203
Cierre del perrito	204
Cierre de "mejor 4/8 que 2/10"	205
Cierre del Pensamiento Creador	205
El cierre de tu ex	206
El método Sócrático	207
Genera urgencia y reinarás	210
QUINTA PARTE: EL NUEVO TESTAMENTO	**213**
Por esto soy Closer High Ticket	215
Así recuperé 8800 dólares en 9 minutos de llamada	218
Así salvé a mi mejor amigo de la prisión	220
Así me salvé de morir asesinado por unos narcos	222
Asumir el éxito	224
La prima y la pizza	227
SEXTA ARTE: MATANDO LA LIGA	**229**
Matando la liga de los "mentores" de closers	231
Lo que Grant Cardone, Jordan Belfort y Cole Gordon no podrán enseñarte nunca	235
Lo que el lobo de Wall Street nunca podrá enseñarte: la venta ética	236
Por qué alguien que nunca fue closer no puede enseñarte a ser closer por muchos coches que alquile para sus anuncios	238
Perspectivas de futuro del Closing	239

Construye autoridad y multiplica tus cierres 241
Tengo la responsabilidad ética de vender(te) 242
Las 9 claves para mentorizar equipos de cinco, seis y
siete cifras mensuales 243
SÉPTIMA PARTE: LA RESACA DEL MILLÓN DE DÓLARES **251**
Vender a B2B es vender a B2C (y lo sabes) 253
Vender 3 paquetes es mejor que vender 2 o 1 (a veces) 254
Cierra la llave del agua 256
El efecto bambú 258
Mirada de "Sniper" 261
Gracias a esto podrás hacer 2000 dólares en un día 262
Que no pare el valor; que no paren las preguntas 266
Los 12 pecados capitales que te envían al infierno de los closers 272
Los 21 mandamientos te envían al cielo de los closers 277
Apéndice gráfico 281

Agradecimientos

Este libro no hubiera sido posible sin la inspiración, el apoyo y el amor de muchas personas, a quienes quiero expresar mi más profundo agradecimiento.

Primero, a mi familia, por ser mi ancla y mi brújula. Mi padre me enseñó el hábito de la disciplina y la lectura. Mi madre con su brillantez y persistencia como si se estudia y se trabaja se puede llegar a cualquier lugar en la vida.

A todos mis maestros y mentores que han contribuido a mi evolución, sin ellos jamás hubiese crecido y no sé qué sería de mi vida. A todos mis alumnos, tanto de mi academia como de las empresas a las que mentorizo, que pedían a gritos, y de forma muy insistente, un libro como este que condensara todas las enseñanzas y aprendizajes de estos años de obsesivo estudio y dedicación para dominar estas habilidades que se muestran aquí, y que funcionan y cambian vidas.

A las mujeres de mi vida, que me enseñaron a respetarme, a conocerme a mí mismo, a ir a por más y a honrar mi energía masculina.

A las más de 1000 personas que luego de una llamada conmigo eligieron confiar en sí mismos, reafirmar grandeza e invertir en sus negocios y crecimiento personal. Y más aún, a las más de 5000 personas que decidieron no comprarme y me motivaron a perfeccionar mi técnica y habilidad.

A mi editor, Jean Marcel (@jeanydf), por su habilidad de llevar este conocimiento a tierra firme.

Con gratitud infinita,

¡Gracias!

Prólogo: El "Messi" de las Ventas

El año 2020 cambió por completo el mundo digital.

No sé si te acordarás, pero un virus "mortal" hizo que todos los gobiernos internasen a toda la población en sus casas. También les taparon la boca.

De un momento a otro, todos los eventos presenciales se suspendieron. Estar en contacto con otros seres humanos atentaba contra la salud pública según la Organización Mundial de la Salud.

Fue un momento donde todos teníamos que reinventarnos, ya que no se podía hacer plata en el exterior. Hasta cerraron muchos comercios locales porque entraron en bancarrota.

El mundo estaba en crisis, pero recuerda: "Donde hay crisis, también hay una oportunidad".

Yo tenía una marca personal fuerte y un canal de Youtube con más de 800.000 seguidores en ese momento. Por aquel entonces, hacía varias conferencias al mes y eventos presenciales, pero después de todas las normativas impuestas, mi negocio tenía que dar un giro radical: el mundo digital.

Debía hacer muchos cambios en poco tiempo y estaba abrumado por la situación, pero también emocionado. Tenía muchas preguntas sin respuestas.

De repente, una persona muy cercana, me llamó y me habló de un tal Augusto.

–¿Augusto? Lo conozco –respondí.

En efecto, en el año 2019, un chico de 23 años viajó desde Argentina a España para tomar un curso presencial conmigo, dejando casi todos sus ahorros en esa experiencia. Me dio la impresión de ser una persona muy inteligente y, aunque tenía muchas dudas, aplicaba al instante cada cosa que se le indicaba.

Era una persona con un carácter especial. El primer día que le conocí, antes de iniciar uno de mis cursos, le puse un reto: realizar una conferencia improvisada frente a personas desconocidas. De todos los alumnos, fue el único que completó la misión. Le sudaban las manos, tenía mucho miedo... e incluso así lo hizo.

Ese fue el principio de todo, había viajado para cambiar un área muy importante en su vida y se dejó la piel en el terreno de juego.

–Va a ser un increíble vendedor, me dejó con la boca abierta –comentó mi amigo.

–Ahora mismo lo llamo –dije y corté la llamada de inmediato.

Me acababa de comprar una mansión en Cancún y estaba formando un equipo sólido de trabajo. Necesitaba alguien que dominase la seducción, que vendiese mis servicios y que viniese a vivir conmigo a la mansión. Augusto era la persona indicada. Tenía una licenciatura en psicología; se había formado como experto en seducción y programación neurolingüística y, además, era un apasionado del conocimiento.

Fue la mejor decisión que tomé.

Un millón y medio de dólares facturó para mi compañía en menos de dos años.

Le recomendé a mis amigos y también les hizo multiplicar por 10 sus resultados.

Una tasa de más de un 90% de cierres.

Se llegaron a escuchar comentarios cómo *"El Messi de las ventas"*.

Yo nunca había visto algo así y me quité el sombrero.

Hay personas que conocen las ventas y hay otras personas que las dominan.

Hay personas que hablan de ventas y otros que generan resultados inmediatos.

Augusto, sin lugar a dudas, es del segundo grupo.

Si has adquirido este libro para dominar las ventas y convertirte en el mejor vendedor, estás en el libro adecuado.

No te deseo mucho éxito, porque sé que, si aplicas todo lo que vas a leer a continuación, inevitablemente lo tendrás.

Álvaro Reyes (@alvarodaygame)

Prólogo: La Cultura del Millón en Ventas

La cultura es algo que se queda. Ahora no entenderás esto, pero lo harás.

ConquerX factura 10 millones al año y nuestra actividad se extiende a más de una veintena de países como España, Estados Unidos, Colombia, México o Dubái.

Sí, este es el final de la historia. Y, tal vez, sigas sin entender cómo narices llegué a lograr estos resultados.

En el año 2021 me encontraba en casa de mis padres emprendiendo en el mundo crypto. Recuerdo las ganas que tenía de compartir lo que sabía, además de impactar en la vida de las personas. Vendía poco. Y mal. En realidad, hoy en día vendo igual de mal, pero ahora tengo una cultura comercial que me asegura tener una facturación millonaria.

Pero no podemos ir tan rápido. Sí, has leído el prólogo de Álvaro Reyes. ¿Te gustó? Pues yo lo conocía de Youtube, y para mi sorpresa un día vino a mí para que le formara en el mundo crypto. Pero él no estaba sólo. Ahí conocí también a la persona que no solo haría crecer mi departamento comercial, sino también mi empresa. No tenía ni puta idea de cómo cerrar las treinta llamadas cualificadas que recibía día tras día para comprar mi producto High Ticket.

–Yo me encargo –me dijo Augusto al ver a mis tres closers.

Mi equipo estaba muy lejos de ser profesional, en realidad, era un equipo de barrio. Augusto se bajó al barro: formaciones, guiones de venta, pasos a pasos, hacks... y toda la cultura de lo que hoy es ConquerX.

Esta cultura que Augusto creó es el pilar que lo domina todo, y aún se sigue transmitiendo de unas personas a otras. El producto o servicio poco importan, cryptos o formaciones de programación, Augusto tiene un método, y ese método funciona.

Este método es cultura. Y te hará millonario.

A mí, al menos, me sirvió.

Si supieras lo que estás a punto de vivir, te reirías. Estás a punto de cambiar tu vida (y tu bolsillo).

Alexis Bautista (@alexis_crypto)

Prólogo: La Obsesión es Transformación

Cuando Augusto me dijo: "estoy escribiendo mi libro", sentí una profunda felicidad por aquellos closers que, al igual que yo, no poseen una Biblia que nos muestre las verdades más profundas del sector.

Esta Biblia no es un libro más. En realidad es la combinación de años de ensayo y error. Los resultados hablan por sí solos, y su casi perfecta tasa de cierre dejaría a más de uno con la boca abierta.

Por otro lado, a este servidor no le extraña nada. Augusto conoce los insights más poderosos de la conducta humana, y es justo eso lo que aplica a sus llamadas de venta. Cuando lo pienso, el método de Augusto es como si mezclaras lo ganador de Pelé con la determinación de Cristiano Ronaldo y el talento de Messi.

Cuando conocí a Augusto, generamos una relación de amistad rápidamente. Yo tenía un equipo de personas y una marca personal que enseñaba sobre procesos y sistemas de ventas. Augusto llevaba unos meses con su marca impartiendo formaciones relacionadas con el mundo de las habilidades sociales y el desarrollo personal. Al estar los dos haciendo cosas similares, compartíamos muchas temáticas en común y pasábamos largas horas juntándonos a tomar vino y ver formaciones de distintos referentes.

Conforme pasó el tiempo, comenzamos a trabajar juntos cerrando ventas en el equipo de Álvaro Reyes. Augusto se desmarcó rotundamente de cualquier vendedor que yo haya visto, teniendo cierres de cualquier monto y con una conversión sostenida a lo largo de los meses de entre un 70% y 90%. Lo cual me parecía una locura. Para ese entonces, yo ya había vendido todo tipo de cosas: indumentaria deportiva, juegos de PlayStation, cuadros decorativos, libros, mentorías y formaciones. Había escrito tres libros relacionados con el mundo del emprendimiento y la venta. Y estuve impartiendo formaciones y mentorías a todo tipo de empresas en distintas partes del mundo. Si bien yo veía todo lo que hacía Augusto, en mi cabeza pensaba: "Lo que sea que él me pueda decir, yo ya lo sé y hasta lo enseño."

El pensamiento más estúpido que puede tener un emprendedor que verdaderamente quiere crecer. Por suerte para mis cierres y para desgracia de mi ego, al ver los resultados de Augusto era innegable el hecho de que él sabía y hacía algo que era distinto a lo que hacía cualquier otra persona en el sector. Fue así que me abrí a que analizara mis llamadas para recibir las correcciones y cambiar mi guion. Ese mismo mes pasé de vender USD$25.000 a vender USD$60.000.

Indistintamente de si te crees el mejor; el peor; tienes un ego grande; estás iniciando en el mundo del Closing o ya llevas un largo recorrido, modelar a los que saben y tienen resultados es el mayor acto de amor propio.

He tenido el placer de escuchar más de 4000 horas en llamadas de venta y mentorías de Augusto. Puedo garantizar que Augusto es la persona más obsesionada del planeta. Obsesionada en generar transformación en cada persona que ve su contenido.

Así que puedes estar tranquilo. Esta Biblia será un antes y un después en tu vida (y en tus cierres).

Marcos Lanci (@marcoslanci)

Notas

La cualidad fundamental de toda venta es el Amor. Sin amor no hay verdadera venta. Quien comprende esto goza de ventas infinitas porque comprende que la venta es un juego basado en DAR. Augusto representa la verdadera venta porque él es Amor.

Javi Rodríguez (@javireelbe)

La mezcla de la psicología y la experiencia hacen una combinación única. No podés dejar de leer este libro si querés vender más. Este no es otro libro de ventas cualquiera. Libros de venta hay muchos, Biblia una sola.

Marcos Razzetti (@marcosrazzetti)

Augusto es un vendedor natural, pareciera que lo trae en la sangre. Su método posee una mezcla en dosis perfectas de psicología, persuasión, marketing y aporte de valor. Al final siempre se trata de eso, de aportar valor y que te compren. Y vaya si Augusto sabe hacerlo, por supuesto que yo le compré y mis ventas se multiplicaron. Este es sin duda el libro que tenés que comprar si querés vender.

Martín Rieznik (@martinrieznik)

Me prometió mejorar mi equipo de closers y me entregó un team de alto nivel apasionado por cerrar ventas, comprometido a brindar valor a mis clientes y con todas las herramientas y enfoques para multiplicar mis ingresos en cada proyecto. No conozco otra persona con tanta experiencia. Tampoco sé de gente que sepa transmitirla.

Flor Schauman (@florschauman)

En la era de la inteligencia artificial y la posverdad, donde básicamente todo se puede falsear, se ha vuelto normal encontrar a muchos "expertos" en ventas que te quieren enseñar a vender, pero la única experiencia que tienen es la de haber leído libros o escuchado podcasts por internet y nunca han vendido ni un maldito alfiler. En el caso de Augusto, es todo lo contrario: su conocimiento e información provienen de la experiencia pura en el mundo real, y por eso, tan pronto como te pongas en contacto con su material, no solo tus ventas, sino también tu vida, se expandirán de manera exponencial.

Marian Schwartz (@hellsellers)

La Manipulación es una condición indigna para un Hijo de la Abundancia. No hay grados ni niveles de tolerancia con ella porque nace de un supuesto de escasez. En cambio, la Venta es acorde y válida para un Hijo de la Abundancia porque se le da a la persona todas las ventajas y oportunidades que supone adquirir sus servicios desde una posición de entrega. En la Separación uno gana y otro pierde, en la Abundancia los dos ganan. Augusto con su libro nos enseña a que ambos ganamos cuando nos damos desde nuestro propósito.

Francisco Sola (@franciscosolaok)

Hay una habilidad que siempre te va a dar la posibilidad de vivir una vida extraordinaria: la venta. Cuando comprendes realmente lo que es la venta y lo que puede significar en tu vida, entonces te decides a aprender de los mejores. Acá, en Augusto, tenés a uno del cual vas a recibir el mejor de los aprendizajes.

Matías Siles (@matisiles)

PRIMERA PARTE
INTRODUCCIÓN AL CLOSER HIGH TICKET

Cómo usar esta Biblia

Si quieres sacar el máximo jugo y provecho, lee e integra este manual en el orden natural en el que se ha escrito. El hilo conductor existe por algo.

Pero lo importante es ser práctico. Si eres un closer al que ghostean a menudo, puedes ir a la sección dedicada a esa parte para hacerte con los hacks. Si tienes un problema con que te paguen en llamada, lo mismo. Si tu problema es de mentalidad, lo mismo. Si tienes un problema con cualquier tipo de objeción, lee el índice y busca cómo este manual puede ayudarte. Si quieres echarte unas risas viendo cómo la venta sirve para todo en la vida, ve a la sección dedicada a las anécdotas. No me he dejado nada fuera. La Biblia no tiene una secuela.

Esta tampoco.

Ten esta Biblia en tu mesilla de luz. Te dará paz espiritual y (mucha) plata.

¿Quién carajos soy y por qué puedo enseñarte a facturar dos mil dólares en un día?

No podía pasar por alto este punto. Puedes saltártelo si quieres, de hecho, este es el punto menos importante del libro. Y, sin embargo, creo que puede apoyar el proceso de este libro. Si yo pude convertirme en un exitoso closer de venta High Ticket, no hay nadie que no pueda.

Otra cosa bien distinta es que no quieras. Y, para mí, querer significa:

- Información

- Introspección

- Acción

Si estás leyendo este libro, quiere decir que ya quieres estudiar el proceso de cierre de ventas. Es decir, quieres tener los medios adecuados para llegar a cerrar ventas, y no dar pasos de ciego. No podemos permitirnos esto en la era de la información.

Por otro lado, aunque en este manual vayas a encontrar la mejor información, y te aseguro que así es, esto no sirve de nada si no te das el permiso de investigar tus creencias y tu actitud. Recuerdo que en mi época universitaria cursando psicología, solía ser un gran estudiante. Sin embargo, cuando me ponían un examen y leía las preguntas que sabía a la perfección, las manos me sudaban tanto que tenía que traer una toalla de casa. Ese nerviosismo y ansiedad no me permitía dar lo mejor de mí, así que perdía puntos por el mero hecho de no observar qué ocurría en mi mundo interno. Si quieres vender, te aseguro que vas a tener que conocerte. Si quieres vender muy bien, vas a tener que conocerte muy bien. ¿Para qué? Para ir más allá de lo que crees que eres. Eres un juguete con creencias limitantes, y observar las tonterías que nos contamos nos dotará de una mayor confianza.

Un closer con información e introspección solo tiene que accionar. ¿De qué me serviría estudiar la teoría si no la practico? Puedo aprender todas las formaciones del mundo, que si no juego un partido de fútbol en mi vida no sabré realmente lo que es el fútbol.

Nací en el seno de una familia humilde en Florencio Varela. Cuando uno puntos hacia atrás, veo la perfección del proceso de vida. Aunque sin duda, no creo que el de arriba me diera las mejores cartas, pero sí puedo decir que pude jugar con las que tenía.

El hecho más potente fue la relación que mi madre mantuvo con un hombre que se convirtió en mi padrastro a la edad de cinco años. Me maltrató durante los siguientes cuatro años. Recuerdo que el colegio era mi refugio. Ahí él no estaba, ¿por qué no podía durar más? ¿Por qué tenía que volver a casa? Quizá fuera el único niño que amara más la escuela que su hogar.

En ese entonces mi madre trabajaba demasiado para traer algo de dinero a casa, así que sólo la veía por las noches, poco antes de dormir. A veces ni eso.

Recuerdo que años después le pregunté: ¿vos, por qué compartiste vida con ese hombre? Para poneros en contexto, este hombre no era guapo, ni simpático, ni productivo, más joven e inmaduro, no tenía amigos. En realidad, era un verdadero idiota. De hecho, este hombre había sido padre, y no había tenido lo que había que tener para reconocer a su hija y hacerse cargo.

—Porque me sentía sola, y porque su familia tiene cierta influencia. No podía perder mi trabajo. Tenía que alimentarte a ti y a tus hermanos pequeños.

Ese día descubrí la importancia y libertad que te ofrece el dinero. Si mi madre hubiera tenido un millón en su cuenta bancaria, no habría compartido tantos años con un hombre como aquel.

A los 7 años comencé a vender perfumes a los profesores y personal del colegio. ¡Ganaba un peso (0,33 dólares) por cada uno que vendía! Un año después me dediqué a comprar pegatinas de Dragon Ball Z en un kiosko de mi barrio que revendía en el colegio por el doble de su valor. ¿Por qué tan caro? Porque sabía que era el único kiosko que vendía esas pegatinas.

En mi adolescencia, y tras cambiar de un colegio católico a otro que era un paso previo al reformatorio, me convertí en el típico nerd gordo y con gafas. En ese entonces, recibía bullying día tras día. Además de esto, perdí la visión hasta en un 90%, viví el secuestro de dos hermanos y la muerte de otro que ni siquiera llegó a nacer.

Esta época turbulenta me marcó, y me convertí en uno de los niños más tímidos que te puedas imaginar. Experiencias como invitar a salir a una chica quedaban vetadas para mí, de hecho, solía recurrir al alcohol para tomar el valor de acercarme.

Esta falta de confianza explotó cuando mi pareja, la cual me daba cierta validación social (ella, tan hermosa y lista) y yo (tan nada), se comió a otro chico en mi cara. Esa noche quise suicidarme. Esa noche quise cambiar. Esa noche contacté al que sería mi mentor.

Esa decisión cambió mi vida. Esa decisión era un curso en Valencia (España) que me costó 14 pagas mensuales. ¿Qué si tuve miedo de pagarlo? ¡Por supuesto que sí! Pero comprendí que la vida estaba más allá de eso que estaba viviendo.

Ahora, he cerrado más de un millón y medio de dólares como closer, además de formar a decenas de closers y empresas que facturan siete cifras al mes. En este libro te mostraré no sólo cómo lo hice, sino cómo podés hacerlo vos. Así lo han hecho mis alumnos, quienes hasta el día de hoy han facturado más de 25.000.000 de dólares.

Lo que esta Biblia puede hacer por vos

Hoy en día se habla mucho de lo que es un closer de venta, pero es más útil comprender lo que NO es. Imagina que ves a esa chica en la barra de la discoteca que frecuentas. No es la primera vez que la observas, de hecho, es probable que no te la puedas quitar de la cabeza desde hace unos meses.

De repente, un día te armas de valor y te acercas a la barra con un simple y tímido:

–Hola, ¿qué tal estás?

Ella te responde y muestra un interés que no esperabas. De pronto, os pasáis tres horas conversando acerca de temas sin sentido. Ella quiere ir más allá, pero tú estás tan absorto que le cedes el control de la situación. En algún momento tu vejiga te dice que debes ir al baño… y cuando regresas ella ya se ha ido con otro.

Ser un closer de venta significa cerrar ventas. De nada te sirve conversar tres horas con un potencial cliente si luego a los cinco minutos le compra a otro.

Este manual será muy claro. Vender y cerrar son aspectos distintos. Cerrar es llevarte a la chica a casa. Cerrar es ser un 9 de área; es ser ese delantero goleador. Puedes jugar como los ángeles que, si no metes gol, pierdes.

Vender es jugar.

Cerrar es meter gol.

A lo largo de este libro tendrás que cuestionarte qué es realmente lo que quieres. Si quieres seguir vendiendo sin conseguir resultados, está bien. Pero yo quiero que cierres ventas, no que vendas. Quiero que tengas el control del proceso, y que seas tú quién determine cuándo, cuánto y cómo. Eso es cerrar, y nada más lo es.

Pero hay más.

¿Por qué conformarnos con jugar en tercera si podemos competir en la Champions League?

Acá voy a enseñarte a vender High Ticket. No porque sea mi especialidad, sino porque si aprendes a vender servicios de alto costo, el resto de ventas serán como un paseo en el campo. Al final del día, quiero que el cierre de ventas sea justamente eso: fácil. Si juegas al tenis y te llamas Roger Federer, si juegas al pádel vas a ser una bestia. Si estás acostumbrado a correr maratones, una carrera de 8 kilómetros es un calentamiento.

Y, cuando leas y estudies cada concepto de este libro, es lo que pasará.

Cientos de alumnos han aplicado lo que vas a leer acá, y han conseguido millones de dólares. Sí, no es una broma, y a lo largo de este manual verás cómo lo hicieron. ¡Y sé lo que estás pensando! Imagínate que me viene alguien que quiera comprobar que tan "buen" vendedor soy.

–¡Véndeme esta lapicera! –diría el potencial cliente.

–¿Vos necesitás una lapicera? –le preguntaría.

–No, ¿para qué?

–¿Necesitás escribir? –pregunto.

–No, tampoco. Uso la laptot.

–Ah, entiendo, ¿ni siquiera usar lapiceras para tomar apuntes?

–No, uso la compu –repite el potencial cliente–. ¿No te lo acabo de decir?

–¿Entonces para qué quieres que te la venda?

–¡Quiero saber qué tan bien vendes!

Entonces yo, cansado de perder el tiempo, le diría:

–Mira, cómo vender vendo muy bien. Y soy psicólogo y experto en ventas. De hecho, te podría manipular para hacerte creer que necesitas la lapicera, pero tengo una norma. Si el cliente no necesita algo, no se lo vendo.

–¡No te creo!

–*No tienes por qué hacerlo. Sin embargo, hay miles de lobos de WallStreet y vendehumos en Instagram dispuestos a venderte lo que sea. ¡Ve con ellos!*

Esta conversación parece humorística, pero es justo lo que pasa en nuestros días. De hecho, es el reel más viral de mi cuenta de Instagram (@soyaugustobianchi). Vendedores dispuestos a vender a toda costa con el único fin de ganar dinero. Error! Los buenos negocios deben tener el fin de generar un beneficio superior. Es lo que llamo el ganar-ganar.

¿Cuánto cuesta dormir tranquilo? Si eres uno de esos vendedores sin escrúpulos te daré un mensaje claro:

¡Dejá de cagar a gente y andá a dormir tranquilo!

El mayor retorno de la inversión es la paz.

¿Seguimos hacia delante?

Un closer es más de lo que crees

Hagámoslo simple.

Un closer es la persona encargada de convertir a la persona interesada de un producto o servicio en un cliente. Es el que hace que una jugada se convierta en gol. Es el que cierra el proceso de venta. Si lo hace bien, venderá. Si no lo hace bien, la empresa perderá dinero (el dinero que no ganó y todo el que ya gastó para que la persona llegue a la llamada; llámalo marketing).

Un closer debe hacer que el interesado tome acción. Y es acá donde entra la clave. Un closer no es el vende medias de la esquina. En realidad, técnicamente podría serlo. Te está cerrando una venta. Pero hay un gran "pero". Ese "pero" es que un closer debe ser ese guía que acompaña al cliente a ir más allá. A construir. Y no destruir. A crecer. Y no decrecer. Un closer no puede separarse de su producto y servicio. ¿Cómo piensas acompañar a alguien si ni siquiera crees en el servicio? ¿De verdad crees que vender "eso" va a mejorar la vida de tu cliente?

Si tienes un servicio que apunta al desarrollo humano, entonces te conviertes en un guía. Un guía enseña que los límites que nos imponemos son demasiado pequeños. Nos invita a sacar nuestra mejor versión. ¿Te imaginas si la madre de Michael Jordan no hubiera creído en su hijo?

El mayor cierre de ventas de la historia

Deloris Jordan tuvo un papel crucial en la conformación de uno de los mejores deportistas de la historia. A menudo, nos sorprende cómo es posible que Michael gozara de tanta confianza. Después de todo, hablamos de un hombre que tomaba y anotaba los tiros decisivos en los momentos más críticos del partido. ¿Puedes imaginarte la presión de llevar a un equipo y a toda una franquicia a la espalda? Pues Michael se crecía bajo presión, como los buenos diamantes. Incluso si tenía 40º de fiebre. Michael era de ese tipo de personas que, si deciden que quieren dejar el baloncesto durante un año para jugar al golf, vuelven y sueltan un: "*Im Back*". Sí, no había nadie que no dudara de su regreso. En los deportes de alto nivel, un año fuera lo es todo. Pero Michael no creía en eso.

Ganó tres campeonatos más para los Chicago Bulls.

Bien, déjame decirte que Deloris Jordan cerró la venta más cara de la historia. Cuando expulsaron a su hijo del equipo de secundaria, ella le vendió lo siguiente:

Eres el mejor. Sigues siendo el mejor. Aún no lo sabes. Pero yo sí.

Ella tuvo que cerrar la venta, y la venta era hacerle creer a su hijo que ya era el mejor, aunque él mismo no pudiera verlo en ese momento. Un buen closer tiene que ser ese guía. La responsabilidad ética y moral de Deloris era hacer justamente eso. Te diré más. Gracias a ese cierre, Michael pudo crear una fundación con su madre que, a día de hoy, ha ayudado a decenas de miles de estudiantes a obtener becas para su educación. Además, han financiado centros educativos y recursos para niños y familias necesitadas.

Los melones se acomodan en el camino. Si llenas un camión de melones, no te dedicas a ordenar uno por uno. Tú sólo esperas que el camino se encargue de acoplarlos lo mejor que pueda. Deloris Jordan sabía que el proceso haría que su hijo se creyera el diamante que era. No se ocupó en comprarle sus creencias limitantes. Estoy cansado de ver a supuestos closers que vienen a mí y me dicen:

–No le vendí a esta persona porque me dijo que no tenía dinero. Necesitaba mi servicio más que el agua en el desierto. Pero claro, no tenía dinero. ¡Qué pena!

Y yo pienso: ¿de verdad no pudiste ayudarlo a ver qué tan falso era eso? En ese momento, tal vez la persona tenga tanto miedo de cambiar e ir al siguiente nivel que, desde luego, te va a decir que no de tantas formas como pueda: «No tengo dinero; no tengo tiempo, no tengo experiencia, no sé por dónde empezar, no tengo la educación adecuada, no quiero arriesgarme a perder lo poco que tengo, es demasiado difícil... ¿Sigo?

El papel de un buen closer es hacer que la persona interesada vaya más allá de sus creencias limitantes. Y, para ello, debes acompañarlo. ¡Eres su guía!

En mi experiencia personal, puedo decir que mi carrera como

Closer tiene que ver más con ser una especie de coach que un "vendedor". Sí, lo sé, puede sonar loco.

Recuerdo que un alumno, Alex, se dedicaba al contrabando de tabaco acá en Argentina. Esto hizo que tuviera una mala junta y oscura. Como no pagaba impuestos, el margen de beneficios que le quedaba era bastante alto. No tardó en despertar la envidia de sus supuestos amigos, que organizaron una operación con el fin de robarle su negocio. Alexander fue a la cárcel, lo que hizo que quedara con deudas y sin pareja. Como eran los tiempos del Covid, tuvo la suerte de pasar su condena bajo prisión domiciliaria.

En la primera sesión que mantuvo conmigo, recuerdo que sentí mucho miedo al no poder ayudarlo. Había engordado treinta kilos en seis meses, y vivía con la vergüenza de perderlo todo. De hecho, más tarde me enteré de que tenía pensado suicidarse.

Después de varias sesiones, volvió a recobrar la pasión por la vida; lo que le hizo mejorar y sanar la relación con su familia. También adquirió uno de mis infoproductos.

Lo último que sé de él es que se encuentra muy feliz, además de vivir en Barcelona con su pareja.

Un gran maestro de ajedrez

Pasé gran parte de mi juventud jugando torneos nacionales e internacionales de ajedrez. A los 15 años conocí a uno de mis rivales, pero también amigo, Tomás. Aunque acabamos de empezar, ya habrás notado que me encanta hacer referencias al mundo del fútbol. Bien, pues convertirse en un gran maestro de ajedrez equivale a algo así como ganar tres UEFA Champions League. Si lo piensas, no todos los equipos pueden ganar este torneo, pero siempre puede haber alguna sorpresa, como el Oporto en el 2004. Ahora bien, ¿puede un equipo ganar por suerte tres Champions? Ahí la cosa cambia, ¿verdad que sí? ¿Ves la magnitud que tiene convertirse en un gran maestro de ajedrez? Requieres talento, dedicación y preparación. Un profundo entendimiento de las aperturas, el juego medio y los finales. Un gran maestro tiene que ser capaz de calcular secuencias complejas de movimientos y tener una excelente memoria para recordar partidas y posiciones... Y ya me callo.

Cuando Tomás vino a mí estudiaba catorce horas al día, lo que hacía que fuera muy introvertido y que estuviera bastante pasado de peso. En el proceso de coaching que tuvo conmigo, sólo tuve que conectar con la diversión del niño que conocí. Yo sabía que tras esa mole existía un niño al que le encantaba escribir canciones de rap, al que le encantaba reír. Un niño que amaba el ajedrez por el mero hecho de jugar al juego.

¿Qué es lo que ocurrió cuando le "vendí" la idea de que aún era ese niño? Empezó a publicar sus canciones de rap. ¡Incluso empezó a asistir a torneos de freestyle! Ahora su marca personal tiene más de 100.000 seguidores a los que enseña ajedrez.

Ahora estudia ajedrez sólo 7 horas al día.

Y sí, ya ha logrado el distintivo de Gran Maestro. Además de convertirse en el top 5 de mejores jugadores de Argentina. Hoy en día se dedica a entrenar al que, con toda seguridad, será el próximo prodigio del ajedrez.

Ojalá Tomás pueda cerrar la venta y hacer creer a ese niño que puede. Ojalá Tomás no le compre sus excusas.

Un closer (High Ticket) es más de lo que crees

Si tienes buen ojo, habrás observado que el concepto de closer que manejo es muy diferente al del sector. Y, en realidad, esto es porque yo me centro en los closers High Ticket desde una perspectiva psicológica. La gente cree que la única diferencia entre un closer de bajos tickets y otro de altos es el costo del servicio que cierran.

Pero nada más lejos de la realidad.

Recibo mensajes todos los días de personas que me piden que les recomienden "buenos" closers. Fíjate. Buenos. No closers. Y closers hay muchos. ¿Buenos? No tantos.

Los buenos closers saben que no hay apenas diferencia entre vender un ticket de treinta dólares que otro de 10.00 dólares. De hecho, en mi experiencia, he observado que la dificultad no es tanto en los clientes como en aquellos que los venden.

–Augusto, no sé cómo mi cliente va a pagar diez mil por esto. Sé que el servicio lo vale. Pero... creo que sería más fácil si costara mil.

¿Lo ves? Ese closer no me está hablando del cliente. ¡Me está hablando de él! ¡De sus creencias limitantes! De su falta de merecimiento. De su escasez. Si lees esto y te sientes reflejado, enhorabuena. Si aún eres de los que crees que es más difícil vender caro que barato, quédate. Lee este manual hasta el final. Sólo así obtendrás la mentalidad High Ticket. Sí, has leído bien.

Todo es mente.

¿Qué?

Volvamos con el ejemplo futbolístico. Hazard brilló en equipos pequeños de Bélgica y Francia. Hasta que explotó y se convirtió en uno de los mejores futbolistas del mundo en el Chelsea. Sin embargo, cuando llegó al Real Madrid por una suma de 115 millones, la cosa cambió. Y, de repente, no pudo sostener las expectativas. No fue el caso de Messi o Zidane. Ellos tenían la mentalidad High Ticket. Michael Jordan jugaría igual de bien en cualquier franquicia de la NBA. Puede ser que sus estadísticas descendieran, pero la mentalidad seguiría estando ahí.

¿Olvidó Hazard su brillantez en el Real Madrid? No, simplemente su mente no se pudo manejar en un entorno distinto. Hazard, físicamente, era el mismo. No se olvidó de patear la bola, pero su mente no estaba lista para el Santiago Bernabéu.

Como closer, has de saber que el éxito de tu venta se basará en tu mentalidad, y no en la técnica. Bajo mi punto de vista, la técnica sólo representará un 30% de tu éxito. Debemos dejarnos de pendejadas. Voy a enseñarte a correr una maratón, pero para ello debes dejar de ponerte la zancadilla a ti mismo. No limites a tu cliente, pero sobre todo, no te limites a ti mismo.

Un closer High Ticket es como el oro

Un buen closer High Ticket gana mucho dinero. Una de las razones principales tiene que ver con el oro. O, más bien, con la ley de la Oferta y la Demanda, la cual es básica en cualquier economía. Me gusta emplear la analogía del oro debido a que no se puede discutir bajo ningún concepto.

El oro vale mucho porque es escaso. Y, además, el oro debe ser extraído y procesado, lo que requiere mucho tiempo, recursos y esfuerzo. No todo el mundo puede extraer oro, ya que se requiere una tecnología tan avanzada y especializada como cara. Además, tienes que obtener permisos que implican un estudio del impacto ambiental, acuerdos con las comunidades locales... ¿Me sigues?

Hay muy pocos closer buenos. Por eso encontrar uno es como encontrar esa pepita de oro en ese gran yacimiento que es el mercado. ¿Cómo no iban a facturar más? ¡Es la ley de la Oferta y la Demanda!

Un buen closer esquiva un salario fijo. Un alumno de mi academia Five Stars vivía en Uruguay. Aunque de profesión era psicólogo, las cosas no le iban muy allá a nivel económico, así que se marchó a Estados Unidos en busca de un mejor porvenir. Ahí trabajó de todo lo que te puedes imaginar, después de todo tenía que subsistir.

Vivió tres meses en la calle con el fin de financiar la reserva de una casa. Por casualidad, lo visité un fin de semana en Miami.

–Augusto, enséñame lo que haces –me dijo mientras comíamos–. La última vez que te vi vivías con tu madre y trabajabas por 200 dólares al mes. ¿Y quién paga este hotel en el que estamos?

Le formé para ser un closer High Ticket. Y la vida le dio la oportunidad de demostrar si quería ser como el oro o como el cobre.

–Augusto, hay una empresa que me ha ofrecido un puesto como closer. Sin embargo, en mi trabajo actual tengo un salario fijo. Necesito esos 3500 dólares fijos.

–Eso en Estados Unidos no es mucho, ¿no? –le pregunté–. En Miami menos.

–No, pero es algo fijo. Ser closer es demasiado variable. Esta empresa me ofrece un 10% de lo que venda. Yo confío en mis habilidades, pero... El mejor closer de la empresa tiene una tasa de éxito del 10-15%, por lo cual gana X. Si yo acabo de empezar, ¿cómo narices voy a hacer para llegar a más? Son 6 llamadas al día, por lo cual hace unas 130 al mes. Hablamos de 3600 dólares. Pero no me renta...–¡Pero nada! –le dije–. Vas a aceptar el trabajo como closer. Confía. Y si no ganas más que ellos, te vuelvo a formar. ¡Dale!

El primer mes comisionó 4500 dólares. El segundo 6000. El tercero 7500. Luego 10.000. Hoy, obviamente, es el mejor closer de la empresa. Esto ha hecho que posea dos propiedades en Estados Unidos.

Si mi alumno hubiera elegido un "trabajo fijo" no habría obtenido nada. Así que decidió creer en él, y eso es el oro del que hablo. ¿Cuánta gente sería capaz de hacer esto? Sé que existe un riesgo, imagina que enfermas dos semanas. ¿Quién te va a pagar ese sueldo? ¿Quién está dispuesto a vivir esto?

Muy pocos. Esa es una de las razones por la cual hay tan pocos closers buenos. El oro es escaso.

¿Y tú qué eres?

El valor del oro es alto. Por eso ganarás mucho dinero. Pero tienes que decidirlo. ¿A qué esperas? Las empresas están esperando a este tipo de closers. ¿Dónde estás?

Otra de las razones por las cuales el oro es tan potente es que su valor no se deprecia con el tiempo. El oro es visto como un "refugio seguro", a diferencia de otras monedas o inversiones.

Un closer High Ticket es ese refugio seguro. Y eso implica que, si quedas con tu primo el sábado, vas el sábado. ¿Cómo?

Hemos dicho que todo es mente. Y como haces una cosa lo haces todo. Un closer puede ponerse el traje de vendedor y luego irse a casa. Un closer High Ticket debe ser ese traje. No puede fingir ser algo que no es porque no durará mucho tiempo en el mercado. Las deudas que tienes a nivel personal son las deudas que tus clientes tienen con tu servicio. Existe un equilibrio universal casi mágico que se encarga de ordenar todo esto. Y este orden premia la responsabilidad.

El universo (y el mercado) odia a las víctimas. Un closer es responsable, por eso se centra en mantener ciertos niveles de energía. Es predicar con el ejemplo.

Un closer High Ticket es como el oro. ¿Cómo no iba a ganar tanto dinero? ¿Cuántas personas pueden afirmar que viven en coherencia?

La filosofía de un closer y el momento del pago

Un closer entra en la parte final del proceso de ventas. Ahora te pregunto: ¿cuántos procesos dejas sin terminar? ¿Cuántas veces te fallas a ti mismo? ¿Cuántas veces dices que harás esto y lo otro; y lo otro después de lo otro, y luego se queda en nada?

¿Cómo vas a quejarte de tu cliente si te dice que aparecerá en esa llamada y no lo hace? ¿Y cuándo te diga que te pagará tal día y luego desaparece?

¡No esperes que un lead te pague si no terminas tus procesos!

Si le dices a tu primo que mañana le vas a ver, cumple tu palabra. Por tu coherencia. Si tu cliente debe cuotas, ¿con qué congruencia llamarás a tu cliente si tú tienes deudas? Se predica con el ejemplo.

El momento en que un lead se convierte en un cliente es sagrado. Piénsalo, ese momento en el que paga puede representar, fácilmente, seis meses de su salario. Y está confiando en ti. Está atravesando gran parte de sus miedos. Es un salto de fe tan grande como mudarte a otro país o caminar sobre fuego. Es salir de la zona de confort en la que nuestro diminuto ego se encuentra cómodo.

Te contaré algo personal.

Si has hecho alguna inmersión sobre hielo, sabrás que es algo que es bastante impactante y beneficioso. Tal y como lo vivía yo, mi cuerpo se paralizaba y temblaba a partes iguales, al mismo tiempo, me dolían tanto las articulaciones que literalmente pensaba que iba a morir. Os diré más. Pagué un curso en Mallorca que me costó un ticket bastante alto. Mi compromiso era total, y realicé cada una de las dinámicas... excepto la de inmersión sobre hielo. Y ahí estaba yo, a 45°, pensando que iba a morir por meterme unos minutos sobre hielo. Luego lo volví a intentar en la Playa del Carmen en México, y volví a fracasar. Cuando me metía unos segundos, tardaba dos horas en recuperar algo de calor, y doce horas en volver a la normalidad.

Este tema me quitaba el sueño. ¿Por qué no terminaba este proceso? ¿Qué me detenía?

Me costó bastante tiempo tomar la decisión. Así pues, volví a México para vivir otra inmersión, sólo que esta vez era por la noche. Una noche muy fría. ¡Y lluviosa!

Si no pude hacer esto con 45°, ¿cómo voy a hacerlo ahora?

Pero hay más. En las veces anteriores, habíamos sido pocos participantes. En esta ocasión, sin embargo, éramos más de sesenta personas. Fui consciente que la atención no se dirigía a mí, y que podría no hacerlo. Podía escapar. No lo hice.

Sólo al meter las manos, sentí como mi boca y mis ojos se paralizaron. Pero fui más allá. ¿Por qué? Porque pensé en ese lead en el momento del pago. Era congruente que fuera hasta el final.

Lo pasé fatal. Pero, sin duda, fue una experiencia tan transpersonal que el Augusto que salió de esa tina de hielo no fue el mismo. No puedo cuantificar cuánto me ha dado esta experiencia, pero sin duda vivirlo me dio una confianza en la vida que, por supuesto, se refleja en la autoridad de mis ventas.

Atraviesa tus incomodidades. Ve hasta el final.

Te contaré otra experiencia que me costó 20.000 dólares. En ese entonces, trabajaba como closer de Álvaro Reyes al mismo tiempo que ya estaba formando a alumnos en Five Stars. Él fue al MasterMind de Marcos Razzetti, y yo, por suerte, fui como parte de su equipo. La quedada fue en uno de los hoteles más lujosos que he visto. Generé tantas relaciones y aprendí tanto que llegué a sentirme como una especie de ladrón de información.

Y acá va la perla: un buen closer High Ticket es un buen comprador. Sabe el valor de los servicios que ofrece. Y yo, con toda la coherencia del mundo, cogí el micrófono y agradecí a Marcos el evento.

–He visto lo contentos que están todos tus alumnos. Esta gente ha pagado por tener esta información. Debo predicar con el ejemplo, ya que voy a usar todo este conocimiento. No sé cuánto cuesta esto, pero pásame el link de pago.

Yo en ese momento no sabía que el curso costaba 20.000 dólares. Pero no me quejé. Debía cumplir con mi palabra. Esto es congruencia. Sé congruente a pesar de todo.

1. El programa tenía un ticket bastante alto: 20.000 dólares.

2. Ese mes había gastado 6000 dólares en mentorías.

3. Había gastado otros tantos miles en viajes entre Colombia, Argentina, Brasil y España.

Tuve que quemar los barcos. Y esto me ayudó a vender mejor. Si alguien me decía que no tenía 1000 dólares por un servicio, yo pensaba: ¡Acabo de pagar un ticket de veinte veces eso!

Ni que decir tiene que a los pocos meses lo recuperé con mi programa. La vida se tuvo que ajustar a mi mentalidad, y eso hizo. Pero también sé que eso no podría haber ocurrido si no hubiera sido coherente.

La coherencia es tu superpoder.

La compra es reafirmación de dinero

O reafirmas abundancia o reafirmas escasez. A cada instante estás eligiendo entre una de las dos opciones, y ya te digo yo que un closer High Ticket no puede darse el lujo de tener una mentalidad pobre y escasa.

Imagina que eres un entrenador de fútbol y tienes dos estrategias a tu disposición: una defensiva, que se centra en evitar la derrota (escasez), y otra ofensiva, diseñada para ganar el partido (abundancia). La mayoría de las personas y closers corrientes eligen no perder. Solo los High Ticket vamos a por el partido.

Yo tuve que marcharme de mi país a tomar una formación que me costó catorce meses de sueldo. No fue cómodo, pero sabía que la opción más amorosa era decidirlo. Y ahí está la cosa. Vender una línea movistar no requiere que cambies. Podría vender cientos de líneas de esas sin provocar una mejora en el cliente. Pero vender un servicio High Ticket requiere que tanto el cliente como el closer eleven sus estándares y su nivel de conciencia.

Compórtate como te gustaría que el cliente se comportara.

En Secretos de la Mente Millonaria, T. Harv Eker, nos comparte en uno de sus principios que una persona con una mentalidad abundante se pregunta cómo puede hacer las dos cosas.

Piensa en ese lead que piensa: si te pago este programa que necesito no podré pagar mis vacaciones.

¿Viste eso? Una mentalidad abundante no se cierra. ¿Cómo puedo pagar este programa y pagar mis vacaciones? Cuando accedí al programa de Marcos Razzetti tuve que endeudarme. Yo no tenía ninguna seguridad física de que rentabilizaría la inversión, pero internamente era evidente que lo haría. Elegí reafirmar la abundancia. Hoy sé que, si no lo hubiera comprado, habría reafirmado escasez. A esto le llamo el cierre de T. Harv Eker. Primero inviertes, y luego obtienes ganancias. Esto es creer en uno mismo.

Aún no hemos entrado en tantos tecnicismos, y te aseguro que entraremos, pero debes enlazar los dos mundos.

Es información.
Es introspección.
Es acción.

Me gusta ver esto como el puente que enlaza los dos mundos. El mercado está lleno de dos tipos de personas:

• *Los pussy´s espirituales:* se pierden en abstracciones sin sentido con el único fin de no hacer nada. Hablan de leyes cósmicas y energías, pero no hay nada sólido ni técnico. ¿Dónde está el paso a paso? ¡Ni siquiera ellos lo saben!

• *Los terraplanistas:* estos son el otro extremo, se dedican a darte la estrategia de los 17 pasos, de los embudos infinitos... pero olvidan el mundo interno. ¿A dónde van si no pueden gestionar sus emociones?

Tú debes ser ese puente. En el punto medio está la virtud.

Un closer High Ticket no es

Un closer High Ticket no es vender un lápiz a alguien que no lo necesita

Ya hemos hablado de esto, ¿no? Un closer High Ticket no te vende nada que no necesites. Más bien, te vende un juego de lapiceros HB si tu sueño es pintar cuadros. Soy fiel defensor del Karma, y creo verdaderamente que si vendo un mal servicio lo terminaré pagando. ¿Para qué voy a prometer lo que no puedo cumplir? ¿Para qué querría tirar piedras sobre mi propio tejado?

Personalmente, he cometido errores. Muchos. Recuerdo formar al equipo de closers de venta para un empresario que residía en Dubái. Con el tiempo, y gracias a la repercusión e impacto, empecé a recibir peticiones para que sacara mi propio infoproducto. Hasta acá todo bien, ¿no? Bien, realicé un prelanzamiento en el cual vendí el servicio a diez personas por un precio especial, y me comprometí a que el curso estaría listo en una fecha determinada.

Pero no fue así. Estaba a mil cosas, y nunca pasaba demasiado tiempo en un sitio. Esto no es una excusa. No me gustan las excusas.

Si eres un closer High Ticket, no puedes permitirte prometer algo que no puedes cumplir. Yo aprendí esto en carne propia. Y tú puedes aprenderlo ahora.

Un closer High Ticket no es compartir links de cobros a través de Instagram o Whatsapp. Tal vez eso sea atención al cliente, pero no un closer High Ticket

Un closer High Ticket se sienta contigo durante un tiempo determinado para ver si te puede ayudar en algo. Puede ser por media hora, tal vez por dos. ¿Para qué? Porque necesita conocerte y cualificar si el servicio que tiene es ideal para ti.

Un closer High Ticket se sienta contigo en calidad de consultor y experto

Un closer High Ticket no te vende una línea de móvil. Más bien, la energía que tiene es más similar a la de un consultor y experto. Esta postura a la hora de encarar las llamadas es esencial, debido a que esto es algo que el cliente nota a la mínima. Si el cliente sabe que le vas a vender, se pondrá a la defensiva. Y no estoy diciendo que le mientas, es más, dile que le vas a vender.

Sin embargo, tú no eres un simple vendedor. Tú vas a evaluarle, a cualificarle. Por mi experiencia, a veces es mejor dejar pasar a clientes problemáticos. Así como el closer debe tener afinidad con el servicio que vende. Ahí se da el match perfecto.

A eso le llamo la venta consultiva.

El closer no va hacia la venta, sino es el cliente el que busca el producto y servicio, y tú decides si puedes ayudarle.

¿Qué más necesita un closer de Ventas High Ticket?

"Dame un niño hasta que cumpla 7 años y te devolveré a un hombre"

La frase que encabeza esta sección no es mía. Pero suelo bromear acerca de esto. Siento que no se requieren más de 30 o 60 días para formar a un closer. Sí, claro que cada persona es un mundo, y dependerá de sus rasgos emocionales. Pocos han sido tan tímidos como yo antes de empezar en este mundo, y por eso sé la importancia de tener la información correcta.

Porque entender y hacer son cosas distintas. De hecho, todos sabemos que para meter un gol tienes que pegarla de cierta forma. Sin embargo, ¿qué pasa cuando tienes dos defensas presionándote a ambos lados? ¿Dónde queda la información? ¿Verdad que no es lo mismo?

He enseñado estas habilidades a tantas personas que sé que, en realidad, no se necesita tanto. Muchas empresas piden que forme a su equipo de ventas, y me preguntan: ¿qué necesitas de ellos?

Yo les pido dos cosas:

1. Háblame de tu disposición: Tienes que liberar esa energía que tienes dentro. ¿Qué tanto lo quieres? ¿Estás dispuesto a observar tus creencias limitantes? ¿Cómo anda tu termostato financiero? ¿Vas a hincar los codos?

2. Háblame de tu servicio: ¿Qué tan familiarizado estás con el producto? ¿Cuál es la metodología?

Controla la llamada: tu autoconcepto es el marco

Aprendí este concepto (frame) en mi licenciatura, y me sorprende que nadie lo aplique en el mundo de las ventas. ¿Por qué me sorprende? Porque si pierdes el marco pierdes la venta. Es así de simple.

El marco es el control. Y quien tiene el control es el que gana. ¡Y atención! Si el cliente tiene el control no te pagará. ¡Lo he comprobado tantas veces! Esta dinámica se da en las relaciones personales. ¿Quién tiene los pantalones? Fácil. ¿Quién tiene más miedo a perder? Ese es el que pierde.

Ceder el marco es decir: tu autoconcepto es más grande que el mío, domíname por favor.

En función a tu autoconcepto, que son las creencias que tienes acerca de ti mismo, tendrás un nivel de confianza y certeza respecto a la venta. Y eso hará que la venta sea muchísimo más efectiva. Si necesitas cerrar una venta para demostrar tu valía, sólo estarás supliendo tu necesidad. Si te sientes valioso independientemente del resultado, el marco es tuyo. No te prostituyes por un sí. Y por eso en la llamada de venta no tienes dudas. Y como no tienes dudas el cliente sabe que eres un consultor experto que va a cualificar si está preparado para adquirir el servicio. ¿Qué diferencia, verdad?

Tener el control del marco no significa que hables más que tu cliente, en realidad, eso no es conveniente. Pero sí significa que dirijas la conversación hacia los puntos clave. He hecho ventas hablando sólo un 5% del tiempo.

Un ejemplo del marco se da en los apretones de manos. Si observas al expresidente de Estados Unidos, Donald Trump, verás que se caracteriza por un saludo agresivo, firme y con tirones para mostrar su dominancia. Sin embargo, ocurrió algo interesante cuando fue a ver al presidente norcoreano. La gente se preguntaba: ¿será capaz de mostrar esa fuerza ante unos de los líderes más peligrosos del mundo? O, dicho de otro modo, ¿será capaz de imponer su marco occidental?

Fueron trece segundos de lo más incómodos y firmes. Ninguno quería ser el primero en soltar, no vaya a ser que eso mostrara debilidad. Es una especie de guerra sutil.

Tu conversación con el lead durará más de trece segundos. Y está en tu mano dominar el marco. Imponer tus condiciones es imponer tu marco. Tú haces las preguntas. Esto puede parecer extraño, pero imagínate que estás en la sala de tu médico de cabecera:

Doctor: Buenos días, ¿cómo puedo ayudarte hoy?

Paciente: Pues, vengo por mi chequeo, pero primero quería preguntarte, ¿cómo has dormido últimamente?

Doctor: (confundido) Um, bien, supongo. ¿Por qué?

Paciente: Es que te veo un poco ojeroso. A veces una manzanilla antes de dormir hace maravillas. Y, ¿estás tomando suficiente agua? La hidratación es clave para una piel radiante.

Doctor: Ah, gracias por la preocupación. Ahora, ¿hay algo que te molesta en particular?

Paciente: Bueno, me duele un poco la espalda. Pero antes de revisarme, te recomiendo una silla ergonómica para tu oficina. Y, ¿has pensado en hacer yoga? Es estupendo para el estrés.

Doctor: (sonriendo) Aprecio los consejos. Ahora, ¿podemos revisar ese dolor de espalda?

Paciente: Claro, pero solo después de que me prometas considerar el yoga. Y recuerda, ¡una manzana al día aleja al doctor de tu vida! Aunque en este caso, supongo que te acerca.

Doctor: (riendo) Trato hecho. Ahora, hablemos de tu espalda...

No seas como este doctor que entra en el juego del paciente. No cedas tu marco. Un médico no es ese amigo que fuma porros y bebe cervezas en el banco del parque. Un buen médico te dice lo que tienes que hacer para sacar tu mejor versión, y eso al lead, por lo general, no le gustará demasiado.

Los 7 conceptos e ideas básicas (pero poderosas) de venta que todo closer debe dominar

Tu lead no es tu cliente hasta que paga

Lead: Es un contacto potencial que ha mostrado cierto interés en tu producto o servicio, pero que aún no está listo para comprar. Que esté listo o no dependerá de tu habilidad (o falta de ella) como closer.

Cliente: Es el lead que paga. Y diré más. Es el lead que paga en la llamada. Si no hay un pago o reserva antes de finalizar la llamada, olvídate, tu "cliente" sigue siendo un lead.

Precio y valor

El precio es el valor económico que el cliente paga. El valor es la información o el contenido simbólico que el cliente recibirá.

En general, todos comprendemos lo que es el precio, pero no muchos comprendemos el valor de las cosas, mucho menos de un programa formativo. Por ello, como closer, debemos trasladar el enorme valor y los beneficios que podría generarle a tu cliente. La gente no compra el iPhone, sino la experiencia. No compra la cena en ese restaurante de lujo, sino la foto que subirá a Instagram y la validación que obtendrá.

Compra

Una compra es una decisión. Y todas las decisiones se toman por dos motivos:

- Evitar dolor.
- Acercarse al placer.

Por esto mismo, es esencial comprender los dolores específicos del cliente, así como los objetivos y deseos que tiene. Si comprendemos el cielo y el infierno, la compra se vuelve sencilla, porque el servicio que vendes se convierte en el vehículo que alejará del cliente del dolor y lo acercará a sus sueños.

Vender y Cerrar

Vender: Te conviene que compres mis servicios, porque gracias a él obtendrás muchos beneficios. Imaginá que tenés un servicio de posicionamientos de redes sociales. Podrías decir que gracias a tu trabajo, tus clientes podrán gozar de mayor autoridad en el mercado, y así obtener mucho más tráfico y ventas potenciales.

Cerrar: Es decir que son 5000 dólares, en una cuota. En débito.

Todo lo que no está a mi favor está a mi favor: cómo dar la vuelta a una situación en contra

Que un closer llegue tarde a una llamada de venta es lo peor. La mayoría de los closers no se repondrían de esto... pero tengo una creencia extraña y poderosa:

Todo lo que no está a mi favor está a mi favor.

A cada evento adverso que me ocurre (llegar tarde, objeciones duras, falta de interés...) me pregunto:

¿Cómo le doy la vuelta a esto?

Cada objeción es un motivo de compras. El obstáculo es el camino, y todo lo que ocurre en tu vida sirve a un bien mayor. Cuando fui a España a tomar mi primer curso de desarrollo personal me sudaban las manos en el momento que me acercaba a una muchacha. Sentía que con ese problema, que venía acompañándome desde la infancia, jamás podría generar una interacción fluida. Mi mentor me dijo algo que lo cambiaría todo.

–Eres un lubricante humano. Te han dado el don de esa sudoración para que puedas hacer mejores masajes.

De repente usé algo que me había provocado una inmensa vergüenza a mi favor. Y me convertí en uno de los mejores alumnos de la academia.

Cuando llego tarde a las llamadas (no lo hagas, ¡nunca!) digo lo siguiente:

–Perdona mi demora. Estaba reunido con el mentor del programa revisando tu caso.

–Perdona mi demora. Estaba terminando recién una llamada que acaba de entrar a la mentoría y tardó un poco porque el banco le pedía confirmación de la tarjeta.

¿Me sigues? Úsalo todo a tu favor. ¡Todo!

El suizo llamado Ash

Cumplía tres meses como closer en México, y el día de mi cumpleaños el jefe me regaló una Mac por mis excelentes resultados. ¿Por qué esto es importante para esta historia? Porque el video se subió a las historias de Instagram y Youtube. Al día siguiente, recibí una llamada de un tal Ash (el nombre se lo inventó él, no me preguntes por qué).

–A mí no me vengas con estupideces –me dijo nada más empezar–. Sé lo que quieres hacer conmigo. Sé que esto es una venta y sacarás mis dolores y toda esa mierda. Simplemente dime cuánto es y el horario, y ya veré qué hago. Además te vi ayer en un vídeo de Youtube. Sólo eres un vendedor, así que sé que no eres un experto en seducción como dices.

–Por lo que veo en la ficha vives en Madrid, ¿cierto? –le pregunté sin ningún miedo–. Bien, entonces imagino que conocerás el término de "me suda la polla".

–Sí –dijo extrañado el lead.

–Qué bueno. Como has visto en el vídeo, he vendido más de 150.000 dólares en los últimos tres meses. Así que vender una más o una menos me suda la polla. Lo que yo quiero es ver si te puedo ayudar, y para eso tengo que hacerte preguntas. ¿Te parece bien?

Fue una llamada dura. Pero pagó. ¿Cuál es el punto? Que usé su rabia a su favor. Él había visto un vídeo, y se creía que me había descubierto. Bien, me dije, entonces usemos eso a mi favor.

Soy la pared que te devuelve todo. Si le tiras despacio, recibes despacio. Si le tiras fuerte, te devuelve una bomba.

Eres la pared del frontón. Eres closer High Ticket.

El viejo testamento

Seamos sinceros, en el viejo testamento Dios estaba muy enfadado. No sé qué pasaría entonces en su vida, pero pagaba su dolor con la humanidad. Es decir, ¿quién no se ha levantado alguna vez con el pie izquierdo y ha sentido la necesidad de enviar una plaga o dos para desahogarse?

No lo niegues, todos hemos sentido eso. Dios estaba lanzando rayos y truenos como si fuera un Thor de la antigüedad, y nosotros éramos las pobres hormiguitas corriendo para todos lados.

Imaginemos por un momento a Dios como un vendedor de aquellos tiempos antiguos, de esos que no aceptaban un "no" por respuesta. Si alguna vez has intentado decirle "no" a un vendedor insistente, sabes que es una tarea casi imposible. Pues bien, Dios era el vendedor más tenaz de todos. No solo no aceptaba un "no", sino que si lo intentabas, podías terminar con una plaga de langostas en tu jardín o una tormenta de fuego en tu barrio.

¿No me crees? Bueno, no soy un experto en historias bíblicas, pero seguro que has escuchado el caso de Faraón y las diez plagas. Es como si Dios estuviera intentando vender la libertad de los israelitas, y Faraón seguía diciendo:

–No, gracias, no estoy interesado.

Entonces Dios subía la apuesta con cada "no".

–Oh, ¿no quieres comprar? Aquí tienes un río de sangre. ¿Aún no? Bien, entonces ¿qué te parecen unas ranas? ¿Tampoco? ¡Langostas! ¡Oscuridad! ¡Granizo de fuego!

Faraón no tenía ninguna oportunidad; Dios estaba determinado a cerrar esa venta.

Luego tenemos a Jonás, el profeta más reacio de todos los tiempos. Dios le dice:

–Jonás, necesito que vayas a Nínive y les vendas este mensaje de arrepentimiento.

Jonás intenta escabullirse y toma un crucero en dirección contraria. Pero Dios, el vendedor definitivo, no acepta excusas.

–Ah, ¿intentas huir? ¡Disfruta de una estadía de tres días en el vientre de un pez gigante hasta que reconsideres tu actitud!"

No importa cuánto tratara de evitarlo, Jonás tuvo que hacer esa venta.

Y no olvidemos a Job, el cliente más paciente de todos. Dios le vende una prueba de fe tan dura que es como si un vendedor te convenciera de probar un producto que te hace perderlo todo: familia, riquezas, salud. Pero Dios sabe lo que está haciendo y, al final, recompensa a Job con creces, como esos vendedores que finalmente te convencen de que su producto realmente vale la pena, después de muchas lágrimas y sudor.

El vendedor del pasado era agresivo... y por ello vivía exhausto. Es difícil vivir tu profesión peleando y rebatiendo objeciones. En un combate de boxeo ambos púgiles sangran. Gane quien gane.

Pero hay otra manera de hacer las cosas.

El nuevo testamento: el poder de la asunción

Hay otra manera de hacer las cosas. Hay otra manera de vender que no se basa en forzar, sino en reconocer el poder interno que tienes. Hay una forma de ir a la llamada con el convencimiento puro de que no puedes fracasar.

Hablemos del nuevo testamento.

Acá es como si Dios hubiera ido a un retiro de yoga en Bali, hubiera tomado un montón de jugos detox y regresara con una mentalidad zen. De repente, es todo paz y amor, abrazos y luces de color violeta. Jesús aparece en escena y nos dice que amemos a nuestros enemigos. ¡Amar a nuestros enemigos! Antes era más del estilo "Destruirás a tus enemigos con fuego y azufre", y ahora es "Dales un abrazo y comparte tu almuerzo con ellos".

¡Vaya diferencia!

Es como si Dios hubiera decidido que ya no necesitábamos tanto el castigo y la disciplina, sino más bien una buena charla inspiradora y unos cuantos milagros para animarnos. En vez de infundir miedo, ahora infunde esperanza. En lugar de inundaciones y destrucción, tenemos multiplicación de panes y peces. ¿Qué sigue, convertir el agua en vino en una fiesta? Ah, espera, ¡eso también pasó!

El nuevo testamento no te obliga a comprar, sino más bien te invita a que compres. Jesús es ese influencer carismático que todos seguimos en Instagram. Ya no existe el puerta a puerta, donde tenías que derribar la madera para que tu mensaje se escuchara. Ahora son ellos los que te llaman, les atraes con amor y les vendes con amor, porque sabes que si compran lo que tienes su vida no será la misma.

Esta Biblia hablará de datos, de métodos, de la psicología cognitiva... pero también trascenderá la lógica. Es aquí donde venderemos desde el poder. Y es que vender nunca fue más fácil. Si sabes cómo. Y cuando sabes cómo comprendes que más allá de los métodos existe algo intangible: tus creencias. Cuando asumes que eres uno con la venta, entras a la llamada como si ya hubieras cerrado la venta. Y, en efecto, así es.

Como hemos dicho, en el nuevo testamento Dios adopta una

aproximación más amorosa y esperanzadora, como si hubiera decidido asumir que la humanidad puede redimirse y florecer. De manera similar, el poder de la asunción en el cierre de ventas se basa en la premisa de que la venta ya está hecha y solo es cuestión de finalizar los detalles.

Son sólo detalles. Es así de fácil. Si sabes cómo.

SEGUNDA PARTE
LAS 8 ETAPAS DEL PROCESO DE CIERRE

Al final del día todo se reduce a esa llamada 1:1. No dura más de treinta minutos, tal vez una hora. Pero es acá donde uno se pone la camiseta. Es estúpido pensar que un futbolista sólo juega los días que hay partido, ¿verdad? Para llegar a esa cancha ha tenido que prepararse, tanto a nivel físico como a nivel mental. Es más estúpido pensar que Usain Bolt sólo trabajaba 9, 58 segundos al año. El entrenamiento de Usain Bolt estaba meticulosamente diseñado para maximizar su velocidad y eficiencia en las carreras de sprint. Su régimen de entrenamiento era bastante intenso y variado, incluyendo no solo trabajo en la pista, sino también ejercicios de fuerza, flexibilidad y recuperación. Sólo esto le llevaba cuatro horas al día, pero Usain Bolt era corredor a cada instante. Reafirmaba eso en su alimentación, incluso cuando nadie le veía; reafirmaba eso cuando se acostaba a la hora que tenía que acostarse, incluso cuando nadie le veía; reafirmaba eso cuando se bañaba en hielo, incluso cuando nadie le veía.

Un closer corriente trabaja la hora de las llamadas.

Pero tú eres un closer High Ticket. ¿Qué tal si preparas un buen set? ¿Qué quieres que vea ese lead? Si le enseñas tu baño desordenado, te aseguro que no le causarás buena impresión. Enseña lo que quieres proyectar. Lo mismo te ocurre con la ropa. Si vas a vender un curso fitness, tal vez esa camiseta de tirantes te vaya bien, pero si no... ¡ponte una camisa! No me detendré mucho en aspectos básicos. Tú sabes perfectamente los requisitos previos. He visto a closers que ni siquiera comprobaban la conexión a internet antes de la llamada, ¿a dónde esperan llegar? ¿Qué quieren vender? ¿Una fibra movistar?

En cualquier manual de closers encontrarás cinco etapas. Yo tengo ocho. ¿Por qué? Porque mi experiencia me lo ha enseñado. Recuerdo cuando me fui a trabajar a Cancún como closer. Entraba a las nueve de la mañana y me marchaba a las once de la noche. No tenía por qué trabajar tanto, pero lo hacía. ¿Por qué? Porque veía que mi entorno se permitía botellas de champán de mil dólares. ¿Cómo me iba a detener para comer? No tenía tiempo para eso. Debía aprender; debía leer; debía estudiar cada proceso. ¿Por qué los leads me ghosteaban? ¿Por qué me prometían que estarían en una hora y luego no aparecían? ¿Por qué no cerraba las ventas cuando los leads llegaban hasta el final? ¿Por qué no pagaban al final de la llamada? ¿Qué les detenía? ¿Por qué los leads se mostraban tan prepotentes?

Yo tenía tres guiones de venta, y supe que no era suficiente. Para que os hagáis una idea, la media de cierre estaba en torno al 30% sobre el lead cualificado. Cuando me fui, mi porcentaje estaba en torno al 90%.

Sí. Has leído bien.

Esto no lo hice en una semana. Fue una búsqueda obsesiva e inmersiva. Soñaba con mejorar cada punto del proceso. ¿Sábados? ¿Domingos? Para mí los días libres eran días en los que mejoraba mis habilidades de coaching y acompañamiento. Sabía que era justo eso lo que necesitaba, y eso fue lo que hice.

No te digo esto para engrandecerme, sino para que comprendas que las ocho etapas que vas a leer funcionan. Lo creé para mí. Y funcionó. Creé una academia, y también funcionó. Se lo enseñé a empresas que han cerrado 30.000 dólares en una sola llamada, y ha funcionado.

Estas son las etapas que a mí me hubiera encantado leer cuando empecé. Me habría ahorrado años.

¿Has visto jugar a Messi? ¿Lo fácil que hace lo difícil? Yo nunca lo he visto cansado. Sus movimientos son elegantes, pausados, inteligentes. De hecho, Messi es de los jugadores que menos distancia recorre. No es cantidad, sino calidad. Con estos métodos aprenderás a usar la energía de manera eficiente. Verás las oportunidades y te desmarcarás en los momentos cruciales.

Y ese es el problema. Estoy cansado de ver cómo los closers se centran en la parte de la presentación del producto y la resolución de objeciones. Bajo mi experiencia, si tienes que resolver objeciones, es que el proceso de venta ha sido poco eficiente.

Yo mato las objeciones en la fase de cualificación. Mucho antes de presentar el servicio o producto. El closer High Ticket sabe esto, y por eso vende más. Permíteme repetir esto: si te dedicas a resolver objeciones, estás cagando el proceso.

Lo diré de nuevo, si aplicas este método la mejora en tus llamadas será brutal. Si ahora mismo estás cerrando cerca de un 30% sobre los leads cualificados, eso no está nada mal. Yo cerraría más. Mucho más. Y tú también lo harás.

¿Seguimos?

1. Generación química

La más simple de las etapas, esto se da en cualquier interacción humana, como una entrevista de trabajo. Esta etapa se basa en generar esa química (rapport) con el fin de generar confianza. Si crees que el closer es el único que se pone nervioso, estás muy equivocado. El lead está mucho más nervioso que tú. Piénsalo. Tiene miedo a que le vendas. Y lo que más miedo le da es que no sabe cómo lo vas a hacer. Esa incertidumbre le mata, y es tu responsabilidad tranquilizarlo. Esta etapa dura sólo 40 segundos. ¿Sólo? ¡Sólo! ¿Por qué? Porque no eres su amigo. Porque tus amigos no te compran. Pero ya hablaremos de eso.

Esta etapa se basa en formular preguntas sencillas. ¿Cuánto dinero tienes en el banco? ¿Cuánto tiempo llevas sin mantener relaciones? Ya sabes, ese tipo de... ¡No! Claro que no. Esto es sentido común. No seas un elefante en un bazar.

1.1. Llámalo por su nombre

O mejor, pregúntale cómo le gustaría que le llamases durante la llamada. En realidad, tú ya sabes cómo se llama.

1.2. Busca los primeros sí´s

¿Se ve bien? (sabes que es así) *¿Me escuchas?* (sabes que sí) *¿Ya saliste de trabajar?* (te lo acaba de decir). *¿Viste eso?* Son preguntas básicas cuya respuesta es siempre un "sí". No tienes que preguntarle por la situación geopolítica del mundo. No te interesa. Estos cuarenta segundos son la típica conversación que tendrías en un ascensor o en una fila de supermercado.

–Hola, Pablo. ¿Estás en Canadá dices? (me lo acaba de decir)

–Sí.

–¿Hace frío, verdad? (sé que los inviernos en Canadá pueden ir hasta los -30°)

–Sí.

Me dirás que te parece extraño o poco natural. Pero déjame preguntarte: ¿quieres venderle o ser su amigo? Nadie es profeta en su tierra. Si le enseñara a un amigo las claves para ser un closer High Ticket, ¿sabes lo que pasaría? Llegaría tarde a la reunión. Sin embargo, cuando una empresa me paga 10.000 dólares por una formación, de pronto, llegan incluso antes que yo a la reunión.

El lead tratará de hacerse tu amigo. Igual cree que puedes aplicarle un descuento o un plazo de pago más "amigable". Todo eso habla de perder tu marco y la autoridad. Recuerdo que, en mi colegio, las asignaturas de Matemáticas e Inglés me costaban demasiado. Sé que las aprobé por el mero hecho de ser amigo de los profesores. Ellos no tenían ninguna autoridad. Pasa lo mismo con los padres que tratan de hacerse amigos de sus hijos.

Sí, sé que te estás quejando. Que no estás de acuerdo. ¿Cuándo piensas salir de la friendzone? Cuando entras en ese pozo, no puedes salir. No hay una escalera que te saque de ahí, y lo sabes. Entonces, ¿para qué narices quieres entrar?

Otro punto a destacar en esta fase, que está relacionado con el amiguismo, es el querer buscar puntos en común. Ya sean reales o falsos.

En mis primeras llamadas como profesional, contacté con un sevillano. Como soy un gran fan del rap, le dije con toda mi buena intención:

–*¡Wow! Las letras de Tote King me parecen oro.*

–*Pues a mí me parece un gilipollas.*

Listo, ahora el lead creerá, por extensión, que yo soy gilipollas. Así funciona la mente, nos guste o no.

Ahora imagina que tu lead tiene una camiseta con un tablero de ajedrez. Tú, para hacerte el gracioso, puedes intentar decir:

–*Me encanta el ajedrez. ¿Cuál es tu apertura favorita?*

–*La italiana.*

–*Entiendo, eso se me complica demasiado. ¡Debes ser un genio!*

De inmediato, el lead caliente percibirá lo falso que eres. Porque has tratado de buscar un punto en común falso. Y él, ya frío, lo sabe. La apertura italiana es de lo más sencilla, y tú eres de lo más tonto.

Como diría el rapero El Chojin:

> «Miren... a veces es mejor cerrar la boca
> Y parecer idiota que abrir la boca y demostrar que lo eres».

8 ETAPAS DE CIERRE

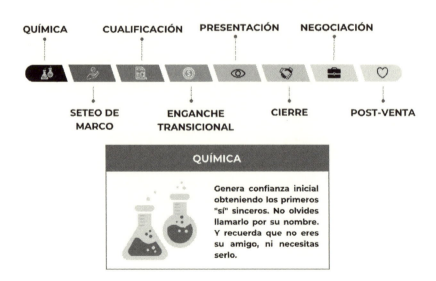

2. Controla la energía: Seteo del marco

Este proceso es de cosecha propia. Esta es una de las principales razones por la cual agradezco haber cursado la licenciatura de Psicología. Como dije anteriormente, el marco es un concepto del que no se habla en las ventas, y mucho menos en el proceso de cierre. ¿Por qué? No lo sé, pero te aseguro que el seteo del marco, que no dura más de tres o cuatro minutos, construirá la autoridad que necesitas.

¿Por qué?

Porque la gente no le da miles de euros a cualquier gilipollas. Ellos tienen que ver a un guía experimentado que les conducirá al punto donde quieren estar. ¿Tienes tatuajes? Si es así, ¿te tatuarás con cualquiera? ¿Verdad que no? ¿Realizarías una ayahuasca con personas que no te inspiran confianza? ¡Por supuesto que no!

1.Construcción de autoridad

Mi nombre es ………………………… (Augusto), y soy coach, licenciado en Psicología, mentor en dinámicas y mano derecho de ………………………… y líder de admisiones en …………………………

¿Qué está pasando ahí? ¿Lo ves? Le estás aclarando que no eres el gilipollas de la esquina. Tienes un recorrido y, sobre todo, estás capacitado para escuchar sus demandas. ¿Recuerdas cuando hablamos de la diferencia entre un closer High Ticket y un closer corriente? Dijimos que la energía con la que se dirigía a la llamada era la de un consultor y experto. Es acá donde lo demuestras. La empresa en la que estás ha confiado en ti para que vendas su servicio. ¿Crees que esto es gratis? ¿Sabes cuánto ha invertido la empresa en marketing para que el lead llegue caliente a tu reunión de Zoom? Eres una parte fundamental de la empresa. ¡Demuéstralo!

Pero Augusto, yo no soy coach, ni psicólogo, ni mentor, ni, ni, ni....

Eres importante. La empresa te ha confiado para que seas la mano derecha, aquel que culminará todo un proceso de venta. ¡Demuéstralo! Y, si lo haces, ganarás más dinero que cualquier coach, psicólogo o mentor en dinámicas.

Algo que se enseña a cualquier orador es a ganarse el respeto de la audiencia. Tú no te subes al escenario pidiendo perdón por estar ahí. Es más bien al revés. Miras al público con esa mirada de faro, y en esa mirada les dices que tienes algo importante que compartir. Les dices que deben estar muy atentos a no perderse nada, pues sólo vas a estar ahí arriba durante unos minutos. Esto no se expresa con las palabras, pero sí con la energía que emanas. Un closer High Ticket construye su autoridad desde esta energía.

¿Seguimos?

Estoy al tanto de tu caso y tengo conmigo el informe que, además, he revisado con   y en función de eso trazamos un plan de acción y sabemos cómo guiarte en el caso de que decidas el día de hoy dar un paso al frente y trabajar con nosotros. Pero antes de eso. Te explicaré cómo será la llamada.

¿Qué está ocurriendo aquí? Un closer High Ticket se prepara mucho antes. Si el lead ha llegado a ti, ya deberías tener cierta información acerca de él. Sabes su nombre, y las respuestas que ha dado en el formulario. Tal vez haya comunicado su situación o alguna inquietud al setter. Imprime toda esa información. Muéstrale que eres un profesional que ha estudiado su caso.

¿Cuándo vas al médico, qué ocurre? Te muestra tu historial médico. Es ahí cuando sabes que ese profesional se interesa por ti. ¿Te imaginas que el médico no supiera nada de ti? En realidad, sólo ha tenido que pinchar en esa ventanita del ordenador, pero imagínate que ni siquiera ha hecho eso. ¿Qué pensarías? No lo sé, pero nada bueno.

–Hola, ¿Augusto? –pregunta el médico con cara de extrañado–. Y bien, ¿qué te pasa?

–¡La espalda me está matando! –le grito de dolor.

–¿En serio? Bueno, ¿y a qué se debe?

–Si hubieras leído el informe, sabrás que hace cinco años me caí y que, desde entonces, el dolor es recurrente. Pero si no lo sabes, ¿cómo vas a curarme?

Tienes muy fácil quedar bien con el lead. No la fastidies por no ser un buen profesional.

¿Por dónde nos quedamos? ¡Ah, ya! Le acabas de decir que tienes un informe detallado, un plan de acción. Ya lo tienes. Ya lo conoces. Sin embargo, antes de eso, tiene que saber cómo será la llamada. Debes aclararle cómo será la llamada con el fin de cerrar la incertidumbre. Recuerda que el lead tiene ansiedad o miedo, y gran parte de eso se debe a los vacíos de información que la mente intenta llenar. Piénsalo, la mente está diseñada para buscar la seguridad, y cuando no la hay empiezan a inventar hipótesis nada precisas, incluso paranoicas: este cabrón me quiere vender un curso sobre algo que no sé qué es, pero sé que no es bueno. Seguro que en cualquier momento usa una de las tácticas que tantas veces he visto, ¡pero no podrá conmigo! ¡Jamás!

Pero también recuerda que le acabas de decir que va a decidir HOY. ¿No lo has visto? ¿No te diste cuenta? Descuida, entraremos en ello en la segunda fase de esta etapa.

2. Va a pasar esto en la llamada

Pero antes de eso. Te explicaré cómo será la llamada.

1. Lo primero que vamos a hacer es presentarnos, así nos conocemos bien y sabemos quiénes somos.

2. Luego iremos a la parte de consultoría y al finalizarla, si te gusta y te hace sentido, te invitaré a que formes parte de nuestro sistema de mentorías.

3. Lo que te voy a pedir es que seas totalmente honesto para el día de hoy poder decidir; si quieres dar el paso al frente y que trabajemos juntos o si por A o por B prefieres no hacerlo.

Le estás explicando cómo será la llamada, pero también le acabas de meter presión al decirle que debe decidir HOY. Esa presión fuerte es puro oro, pero debes relajarla de inmediato. Así, el último punto quedaría así:

> *Lo que te voy a pedir es que seas totalmente honesto para el día de hoy poder decidir; si quieres dar el paso al frente y que trabajemos juntos o si por A o por B prefieres no hacerlo. Da igual lo que elijas. Elijas lo que elijas va a estar bien, seguiremos siendo amigos, buen rollo, buena vibra, pero sí que buscamos una decisión el día de hoy.*

Pero da igual lo que elijas, seguimos siendo amigos. Buen rollo. Buena vibra. Pero sí buscamos una decisión en el día de hoy. Plena, consciente y racional. Y, por sobre todas las cosas, si en el momento de dar el paso llegaras a sentir miedo, inseguridad o ansiedad... Si sientes ese hormigueo y gusano en el estómago, enhorabuena. Fantástico. Eso significa que estás tomando una decisión que te hará crecer. Estás ganando seguridad, estás saliendo de la zona de confort. Ese miedo no es el típico de subirse a un avión para librar una guerra por tu patria. De hecho, un beneficio que tiene la gente que está en las mentorías es que mejora en cualquier cosa que haga. ¿Hablas en público? Lo harás mejor. ¿Juegas a fútbol o baloncesto? Lo harás mejor. ¿Tienes proyectos? Saldrán mejor debido a la confianza adquirida. De hecho, hay alumnos en Estados Unidos que empiezan a hablar mejor inglés. Aquí no enseñamos inglés, pero sí la confianza para que te sueltes allá donde vayas.

4. ¿Estás de acuerdo con esto? (te dirán que sí) ¿Puedes hacerlo entonces? (sí).

Aquí has hecho algo muy poderoso. El cliente acaba de matar las objeciones que te realizará después. Sólo que él aún no lo sabe. Si recuerdas, te dije que los malos closers dedican sus llamadas a presentar el producto y a resolver objeciones. Los closers High Ticket acá ya han resuelto las objeciones. ¿Cómo? Recordándole todo esto al cliente.

Si te dicen: me da miedo pagar, tú les dirás, ¿recuerdas que esa sensación era algo positivo? ¿No dijimos que representaba salir de la zona de confort?

Tocado y hundido. Ahora pasemos a la etapa más importante del proceso de cierre.

Bueno, bienvenido Juan a esta llamada, a esta reunión. Mi nombre es Marcos y soy experto en ventas High Ticket y mano derecha de Augusto Bianchi.

Ya leí tu perfil en el formulario y también hablamos con Augusto sobre tu caso y tu situación, y sobre todo sabemos con precisión y claridad como ayudarte en caso de que desees entrar a formarte con nosotros durante 6 meses en la Academia Five Stars.

Pero antes de eso te voy a explicar bien para qué es esta llamada y qué es lo que vamos a hacer.

Primero nos vamos a presentar, así nos conocemos bien y sabemos quiénes somos.

Después vamos a pasar a la parte de consultoría dónde te voy a hacer una serie de preguntas. Y, por último, si te gusta y te hace sentido, te voy a invitar a que puedas formar parte de nuestro sistema de mentorías/programas.

Lo que te voy a pedir es que seas totalmente honesto para el día de hoy poder decidir; si quieres dar el paso al frente y que trabajemos juntos o si por A o por B prefieres no hacerlo. Da igual lo que elijas. Elijas lo que elijas va a estar bien, seguiremos siendo amigos, buen rollo, buena vibra pero sí que buscamos una decisión el día de hoy.

¿Estás de acuerdo con esto? ¿Puedes hacerlo entonces?

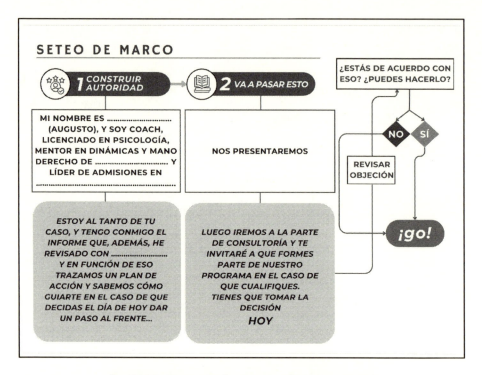

8 ETAPAS DE CIERRE

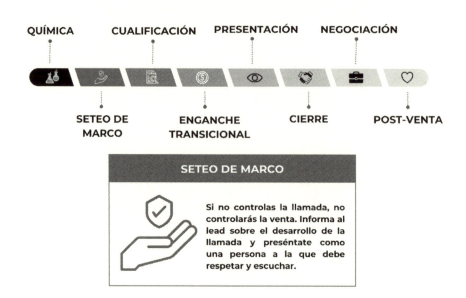

3. Cualificación

Es acá donde la venta queda asegurada. Quien domina esta fase con éxito será un closer High Ticket de éxito. Quien no la domine, será un closer que a veces cierre ventas y a veces no. Es decir, un closer promedio.

Es así de simple.

Léelo otra vez y sigue hacia delante. Esta fase dura de siete a cuarenta minutos. Si dura menos, perfecto, si dura más, también está bien. La cualificación es el proceso que determina si el lead es el perfil de cliente con el que quieres trabajar.

¡Léelo otra vez!

La cualificación es el proceso que determina si el lead es el perfil de cliente con el que quieres trabajar.

Un closer High Ticket no vende como un closer promedio. Ya he dicho que la energía de la llamada es la de un experto que va a asesorar a un lead. El marco es tuyo.

Sí, sé que ahora mismo me odias. Tal vez estés pensando:

–¡Cierro muchísimas ventas sin tener que "cualificar" a mis leads! –me dices.

–El delantero que no para de tirar al arco desde cualquier lado también mete algún gol. Alguno. Sin embargo, prefiero la efectividad y eficiencia a tirar desde cualquier lado. ¿No estás cansado de resolver objeciones y discutir con el lead?

–Un poco sí –admites.

–Pues sigue leyendo.

–Pero...

Pero nada. Un boxeador sin técnica tumbará a algún oponente, pero no llegará a ser campeón mundial. Si te has acostumbrado a ser un amateur, puede ser que ganes algunos combates. Pero en algún momento te toparás con todas tus limitaciones. Hasta ahora has sido un asesino de objeciones. Sé lo que sientes. He estado ahí. Sé lo que es vivir discutiendo. Que el otro te diga A. Yo decir B. Y sé lo cansador qué es. Muchos closers que empiezan en esta profesión no duran demasiado por esta razón: están cansados de discutir con sus leads. Están cansados de tirar al arco desde cualquier lado. ¿No sería mejor que te la dieran cortita y al pie? ¿No sería mejor construir la jugada de forma ordenada y luego empujar la pelota de cara a gol?

Construir la jugada hace que el gol entre de forma casi automática. En esta etapa vamos a rebatir todas las objeciones del cliente sin que él mismo sea consciente. Eso es meter gol sin defensa ni portero.

Hace poco, sentado en un restaurante, vi cómo un padre discutía con su hijo porque no quería tomarse el medicamento. Él le decía A. Y el hijo le decía B. Al final el padre terminó por desesperarse.

Yo, muy cerca, lo miraba. Ese padre trataba de imponer su jugada. Y el niño se defendía. No quería que le metieran gol. No sin luchar. Ahora imagina que el padre hubiera planteado lo siguiente:

–*Mira, hijo, ¿quieres estar sano o estar enfermo?*

–*Estar sano –habría respondido el niño.*

–*¿Quieres jugar al fútbol la próxima semana con tus amigos?*

–*Sí, claro que sí, papá.*

–*Entonces debes tomar el jarabe. ¿Cómo lo vas a tomar? ¿De un solo trago o de dos?*

Ya está. ¿Viste eso? La cualificación se basa en dar con la información que asesinará cualquier objeción futura. Si el niño dijera que no quiere tomar el jarabe porque no le gusta el sabor, el padre preguntaría: *Ah, ¿pero no me dijiste que querías estar sano? ¿No me dijiste también que querías jugar la próxima semana al fútbol? ¿No tenías la final esa del torneo que tanto esfuerzo le has puesto hasta ahora?*

Muy pocos niños optarían por no tomarse el jarabe. ¿Has tenido que discutir con el niño?

¡Por supuesto que no!

¿Por qué? Porque antes de llegar a eso te has dado un tiempo en conocer toda la información necesaria. Tu trabajo consiste en saber qué bala usar. Volviendo al ejemplo anterior del padre y su hijo, de nada serviría que el padre le dijera a su hijo:

–Tómate el jarabe, que en un par de días tienes examen de Inglés. Y tienes que hacerlo.

No hace falta ser muy listo para saber que el niño no quiere hacer el examen de Inglés. Usa la información sabiamente. Y úsala en su contra.

Y, para obtener esta información, hay preguntas concretas. Y un orden concreto. No te comes el helado antes de la pizza, ¿no? ¿Aprendes a multiplicar antes de sumar?

1.Cuéntame quién eres, qué edad tienes y a qué te dedicas

Como ves, en esta fase te centras en prometer lo que le dijiste anteriormente. Dijiste que os presentaríais para conoceros mejor. Este es el momento.

–Soy Carlos, tengo 35 años. Nací en Colombia, pero ahora vivo en Estados Unidos y me dedico a la construcción –te dice el lead.

–Qué bueno. ¿Hace cuánto estás en Estados Unidos?

–Cinco años.

–Ah, genial. ¿Y te gusta tu trabajo?

–(…)

Una vez te responde, es importante remarcar que las preguntas siguientes se dividen en cuatros bloques, así como un libro se divide en planteamiento, nudo y desenlace. ¿Por qué? Porque funciona.

- Bloque de Urgencia.
- Bloque de Dolores (infierno).
- Bloque de Deseos y Objetivos (cielo).

• Bloque Puzle.

El Bloque de Urgencia se basa en generar la urgencia interna, es decir, saber qué es exactamente lo que el lead busca en esa sesión de consultoría.

2. ¿Por qué tomaste la decisión de presentarte hoy a esta sesión de consultoría?

El lead no está teniendo una llamada contigo. Está manteniendo una sesión de consultoría con un experto en la materia. Después, si quiere, el lead puede llamar a su madre, a su padre o a su pareja.

Es importante usar las palabras correctas. Así, cuando le dices "sesión de consultoría", para la mente toma un peso distinto. ¿Tienes una llamada con un médico? ¿Con un profesor? ¡No! Tienes consultas, pero no simples llamadas. Contigo no es diferente.

El lead comenzará a contarte las razones por las cuales cree que está en esa sesión de consultoría. Cuánto más grande y potente sea el motivo, mejor.

Tengo problemas con las ventas, vi tu contenido y me gustó.

Quiero mejorar mi oratoria.

Necesito más ingresos.

Quiero llegar en forma al verano.

Un ejemplo más específico lo viví hace unos años. Vendía un curso sobre seducción y, al hacer esta pregunta, el lead me dijo:

—*La chica que me gusta se va en tres semanas a otro país, y en todos estos años no he tenido la fuerza para decirle que me gusta.*

Más adelante, cuando le presente el servicio y el costo, me dijo:

—*Me lo tengo que pensar.*

—*¿Qué tienes que pensar? La chica se va en tres semanas, ¿si no es ahora, cuándo? ¿No lo llevas pensando años? Por tus propios medios no has podido, pero con esta mentoría sí.*

El lead terminó comprando. No tenía nada más que objetar. Como ves, acá aludí a una urgencia interna (el motivo por el cual el lead acude a la sesión de consultoría).

En ocasiones, el lead te contestará con evasivas y monosílabos. Si le preguntas para qué están en esta sesión, te dirán:

Entré para que ver qué me ofrecen.

La verdad es que no lo sé...

Estas respuestas te restan autoridad o, lo que es lo mismo, te roban el marco. Así pues, debes apagar las primeras llamas a medida que salen.

Si te dice:

–*Entré para ver qué me ofrecen.*

–*Bien, me parece perfecto. Aquí como ofrecer tenemos mucho. Esta academia ha formado a miles de personas durante más de diez años, además de contar con miles de casos de éxito, pero el punto es saber qué necesitas, y a partir de ahí conocerte bien y saber si podemos ayudarte. Así que, ¿qué es lo que realmente te interesa?*

Puede ser que tengas que indagar un poco más hasta que te proporcione una respuesta correcta. Si no te da respuestas específicas, la cualificación sirve de muy poco. Recuerda que buscamos conocerle bien para usar esa información a nuestro favor cuando sea necesario.

Piénsalo de esta otra forma: ¿qué te hace pensar que te comprará un ticket de tres mil dólares si ni siquiera tiene interés en responder a una simple pregunta? Es como confiar que un político va a cambiar el mundo, o que tu pareja, ese o esa que te ha sido infiel treinta y tres veces, no lo será una vez más.

Más adelante veremos la forma de confrontar a leads conflictivos.

3. ¿Por qué ahora? Es decir, ¿por qué hoy (dices la fecha de hoy) y no a lo mejor hace un mes o dentro de un mes?

Dile la fecha exacta. ¿Por qué hoy, 25 de abril de 2024? ¿Por qué no hace un mes? ¿Por qué no después?

Ese "dentro de un mes" es importante. Tu objetivo es cerrar la venta en los próximos minutos. Cuando te diga (y puedes apostar que lo hará) que necesita tiempo, tú le dirás: recuerda que me dijiste que el momento era ahora por esto y por esto...

4. ¿Qué es lo que hace que para "NOMBRE DEL LEAD" sea esto algo importante y prioritario (a aumentar sus ingresos, vender High Ticket, expandir su negocio...) y no postergarlo?

He aquí la bala que matará de una vez por todas la objeción de "me lo tengo que pensar". Esta pregunta hará que tome conciencia una vez más de la importancia que tiene accionar ahora mismo. No mañana, ni el próximo mes. Y si no lo recuerda, nosotros le ayudaremos.

¿Recuerdas que me dijiste que...?

En el caso de que las respuestas fueran flojas o poco específicas, tengo una pregunta optativa:

–*Entre nosotros, ambos somos de Latinoamérica y sabemos que tenemos una virtud o defecto, según cómo lo mires, y es que somos gente pasional y emocional. Antes de tomar una decisión que va a cambiar por completo nuestras vidas, sentimos esa emoción; ya sabes, el corazón palpitando, el estómago dando vueltas, y ese fuego sagrado.*

Si fuera de Europa, le diría:

–*Los europeos tenéis una gran virtud, y es que sois racionales y analíticos, al contrario que nosotros los latinos, y si estás acá en esta sesión de consultoría es que ya te lo has pensado bastante bien, lo has analizado hasta con la almohada ¿verdad?*

Como has visto, las preguntas anteriores se basan en generar esa urgencia interna, las razones que demuestran que el momento es ahora. Y es por ello que el lead terminará pagando o reservando el servicio que le vas a ofrecer en unos minutos.

A partir de acá entramos al **Bloque de los Dolores** de nuestro lead. O lo que es lo mismo, que el lead nos cuente el infierno que está viviendo. No lo dejaremos ahí, ya que el objetivo es avanzar hacia el cielo. Sin embargo, en este bloque te vas a convertir en una especie de coach o psicólogo. En realidad, es una psicoterapia.

La biología evolutiva dicta que el ser humano se aleja del dolor y se acerca al placer. Toda decisión tiene que ver con esto. Y sí, la decisión de comprar el servicio que le ofreces también. Y acá está la clave:

Cuanto más dolor, más prioritaria será la compra.

Cuánto mayor deseo, más prioritaria será la compra.

Hay leads que no saben cuánto les está costando vivir del modo en que están viviendo, y es por eso que no saben con cuánta urgencia necesitan tomar ese curso o formación que les ayudará a generar confianza, a seducir, a mejorar sus finanzas, su salud... ¿lo ves? Lo explicaré de otra forma.

Hay gente que sólo ve un nivel de dolor o deseo, pero ignoran el resto de niveles. En mi infancia fui un niño pasado de peso. Durante el año, las camperas y las sudaderas tapaban mi gordura. En realidad, incluso me engañaba a mí mismo pensando que mi peso era normal.

Pero entonces el otoño y el invierno se desvanecían.

Y el verano me mostraba la verdad. Me miraba al espejo y decía: ¡qué vergüenza! Ahora la gente se dará cuenta de que estoy gordo. Lo he escondido todo el año, pero ahora no hay escapatoria. ¿Qué pasará si la chica que me gusta ve esto?

En esos momentos, me habría gustado que un nutricionista o un entrenador personal me hubieran ayudado en esos inviernos. No es que les hubiera comprado en invierno, ya que yo no veía el problema, pero en verano estoy seguro de que sí. Si tienes la capacidad de llevar a tus leads a ese verano, no hay nada que no puedas vender. Pero debes llevarlo ahí. El Augusto de Invierno habría negado hasta la saciedad que estaba gordo. Pero no ante alguien con la habilidad de hacérmelo ver. ¿Puedes ser esta persona?

En mi experiencia he visto que existen cuatro niveles de profundidad en la cualificación:

- **Nivel 1 (Personal-Consciente):** En la seducción, por ejemplo, no sabes hablar con mujeres y te sientes frustrado porque te gustaría interactuar con ellas y no puedes.

• **Nivel 2 (Abarcativo-Preconsciente):** Como no interactúo, no tengo pareja, al contrario que mis amigos. Eso me genera una sensación de insuficiencia o tristeza. Los demás pueden tener vínculos y yo no. Tengo 25 años y ahí afuera existen chicos con 15 que tienen más sexo que yo. Me merma la autoestima y no tengo el carácter para mostrar mis opiniones. Me vuelvo sumiso. Pequeño. El miedo a las interacciones con las mujeres se ha extendido a otras áreas de mi vida. La falta de autoestima no afecta a una sola área.

• **Nivel 3 (Latente-Inconsciente):** Como no soy habilidoso con las mujeres, no puedo elegir quién es mi pareja, y me termino conformando con lo que sea. Entro en una relación desde la escasez y no la abundancia, por lo cual no será una relación ni mucho menos feliz. No quería morir solo, así que nos toca aguantarnos. No hay chispa ni amor. Mi vida se convierte en una mierda.

• **Nivel 4 (Transpersonal-Evolutivo):** ¿Mis hijos crecerán en este ambiente? ¿Verán que sus padres no se aman? ¿Por qué se eligieron desde la escasez? ¿Por qué discuten? Y, sorpresa, tus hijos repetirán tus patrones.

A partir de un problema, has generado cuatro niveles que el lead desconocía. Su falta de autoestima le afecta a varias áreas de su vida, y no solo a una como él creía, además, afectará a sus familiares futuros. Según la conciencia del lead, verá más o menos. ¿Cuánto le puedes mostrar?

Si llega al nivel cuatro, no hay forma en que no te compre... salvo que sea un imbécil. ¿Quién sabiendo que se está jodiendo su propia vida y la de su futura mujer, hijos y nietos aceptaría vivir bajo los mismos términos que le han llevado a ese pozo?

El efecto compuesto de las decisiones de mierda del lead lo han llevado hacia una situación satisfactoria. Y tiene que ver el alcance de todo ello con tus preguntas. Pongamos otro ejemplo con el dinero.

• **Nivel 1 (Personal-Consciente):** No me puedo ir de casa de mis padres porque no tengo dinero.

• **Nivel 2 (Abarcativo-Preconsciente):** Esto me baja la autoestima y me dificulta mi vida social. Lo veo cuando mis amigos me invitan a un restaurante y yo no puedo ir porque no puedo pagarlo. Además, tengo un problema personal, y me gustaría acudir a un buen coach, pero de nuevo, no puedo pagarlo.

• **Nivel 3 (Latente-Inconsciente):** Atraigo a una pareja igual de escasa que yo para quejarnos juntos de lo escasa que es nuestra vida.

• **Nivel 4 (Transpersonal-Evolutivo):** Nuestros hijos se crían con una mentalidad de escasez.

He tenido sesiones con personas que pesaban 120 kilos y que no eran conscientes de que su enorme peso les generaría colesterol, alteración del ritmo circadiano y cardíaco; y una probabilidad más alta de contraer cualquier enfermedad. ¡Para ellos no existía ningún problema!

¿Qué tan fácil sería llevarlos a través de estos cuatro niveles de profundidad? Hablé con un amigo que es experto en la dinámica de la conciencia humana, y me dijo lo siguiente:

—Augusto, lo que haces es brutal. A menudo, en mis sesiones de terapia, veo que la mayor dificultad está en hacer ver a mis pacientes cuán infeliz son. En realidad, creo que mi trabajo principal no está en curarlos, sino en hacerles ver en qué punto se encuentran, y que ellos mismos decidan tomar acciones para curarse a sí mismos. Ver sus miradas, sus llantos, su toma de conciencia, es todo lo que hago.

No necesitarás convertirte en un coach de primer nivel. Aquí está sintetizado todo lo que debes saber. Es un copy-paste. Sin embargo, recuerda que un closer High Ticket es una persona con desarrollo personal. ¿Eres consciente de tus propios conflictos internos? ¿Cómo vas a decirle a un lead que se endeude para tomar una formación que necesita tanto como respirar si a ti luego te da miedo hacer lo mismo?

Dicho esto, vamos con la siguiente pregunta:

5. A la hora de querer vender High Ticket, estructurar tu oferta, hacer cierres de venta, aumentar tu facturación, etc... ¿En qué sientes que fallas? ¿Cuáles son esos puntos en los que sos consciente de que no lo estás haciendo bien o de que te estás equivocando?

Es ir al dolor que les impulsa al cambio. Imagina que estás vendiendo un curso acerca de cómo saber programar. No te basta saber que tu lead quiere aprender eso. Ve más allá. ¿Qué es lo que no les gusta de su trabajo actual? ¿Por qué quiere cambiar de sector?

–*Mi trabajo es una mierda.*

–*¿Y qué más? –preguntó.*

–*Me pagan una mierda de salario.*

–*¿Y qué más? –preguntó.*

–*Quiero ganar más dinero debido a que no llego a fin de mes.*

–*¿Y qué más? –preguntó.*

–*No puedo irme de vacaciones con mis hijos.*

–*¿Y qué más? –pregunto otra vez.*

¿Cuántos dolores? Al menos seis o siete. Si sólo te dicen uno, pregunta; ¿y qué más? Míralo de esta manera: cuántos más dolores, más chances hay de vender. Cada dolor que escupe por su boca es como si escupiera cien dólares a vuestros bolsillos. ¿Cuánto cuesta el ticket que le vas a ofrecer? ¿3000? Pues tiene que escupir lo suficiente para que pague eso.

Algo que puedes aplicar acá es el silencio. El ex-vicepresidente Barack Obama es conocido por ser un gran orador. Si lo estudias, ves que su habilidad reside en cómo usa los silencios. Son pausas estratégicas que crean énfasis en puntos clave, controlan el ritmo de la conversación, generan expectativa y permiten al lead reflexionar. Pero tranquilo, no necesitas ser un orador de la talla de Obama.

–*Soy tímido.*

Silencio. El lead está esperando que digas algo, pero sólo le miras en silencio. Él sentirá que su respuesta es insuficiente.

–*Y la timidez provoca que agache la cabeza cuando...*

En el caso de que el lead no diga nada, puedes recurrir al: ¿y qué más? En el caso de que no se le ocurran muchos dolores, puedes ayudarle de la siguiente forma:

–*Así que, además de ser tímido como me dices, ¿te ocurre también que* sientes ansiedad casi cada día? ¿Y también te da miedo el rechazo? ¿Te callas tus opiniones, verdad?

6. Okey, te entiendo. ¿Cómo te hace sentir esto? Es decir, cómo te hace sentir el hecho de que "DESCRIBES QUIÉN ES, SUS LOGROS, SU TRAYECTORIA" y sin embargo te ocurre que "DESCRIBES LOS PROBLEMAS QUE TE ACABA DE DECIR QUE TIENE"

A esta la llamo la pregunta Grand Slam del dolor. Este concepto se suele usar en la oferta de las ventas, y hace referencia a hacer pensar al lead que es tonto si no compra ese producto o servicio. La pregunta Grand Slam es la pregunta que te hace conectar con ese gran dolor que te impulsará a cambiar.

Aquí ya conoces a tu lead y habéis cosechado cierta confianza.

–Vos, que sos .... y, sin embargo, ¿cuándo fue la última vez que tuviste una cita con una persona que te gusta? No me refiero a una cita de amigos o de trabajo. Me refiero a una cita que fuera dirigida a algo más.

–C-cuatro meses

–¿Y cuándo fue la última vez que tuviste s*x*?

–Hace seis meses... –responde el lead con más pena.

–¿Y cómo te hace sentir esto? Tienes 35 años. Es tu momento. Ahora mismo estás en tu prime de tu vida sexual. Tienes ventajas en todos los sitios. Puedes estar con mujeres de veinte o de cincuenta y cinco. No eres Elon Musk, pero puedes pagarte un fin de semana de hotel. Y, sin embargo, no lo haces porque no tienes citas. Si hablamos de energía sexual, quizá no tienes las hormonas de alguien de dieciocho años, pero a nivel lívido estás bien. ¡Estás bien de todos lados! Y llevas seis meses, ciento ochenta noches seguidas yéndote a dormir sólo. ¿Cómo te hace sentir eso?

Lo que hace a esta pregunta el Grand Slam es la comparativa de todo lo que podría ser con lo que es actualmente. Puedes usarlo en cualquier ámbito de la vida, y te aseguro que siempre funcionará.

–Hermano, eres licenciado en Ingeniería, y tienes un cargo de estatus. Piénsalo, sólo el 1% de la población mundial llega a la Universidad. Y tú encima elegiste Ingeniería, una de las más difíciles. Eres carismático, y veo que eres buena persona. Y, sin embargo, mira lo que estás creando en tu vida. ¿Cómo te hace sentir esto?

He visto a muchos leads derrumbarse ante la inmensidad de esta pregunta. Verás su frustración, su soledad, su angustia. Comprenden que no pueden perder más tiempo.

Veamos otro ejemplo:

–Brother, tienes un producto fantástico, y más de veinte años de experiencia en el sector. Y, sin embargo, no puedes cerrar a ningún cliente porque no sabes vender. Tus clientes eligen a la competencia, los cuales no te llegan ni a la suela de los zapatos. ¿Cómo te hace sentir eso?

–¿Cómo te hace sentir eso? Tienes 35 años y ganas lo justo para subsistir, además de conducir un Uber todos los fines de semana. Lo que generas no te sirve ni para irte de viaje. ¿Cómo te hace sentir eso?

Esta pregunta conecta con el dolor más que con el deseo insatisfecho. Si hablas con un cliente que no tiene un gran dolor, puede ser que esta pregunta, formulada como la presento, no tenga sentido. Imagínate que tu lead factura 20.000 dólares mensuales, y su objetivo es escalar a 50.000. ¿Qué sentido tendría preguntarle: ¿cómo le hace sentir eso?

El dolor viene cuando alguien no tiene dinero para lo básico. El deseo insatisfecho viene por ganar más.

El dolor es no tener sexo nunca. El deseo insatisfecho es algo más específico, como que esta persona (que ya tiene suficiente sexo) desea conocer a tal tipo de personas. No se va a morir por no tomar tu curso, ya le va bien. Es un "me gustaría", más que una necesidad.

¿Cuál es tu lead? ¿Se rige por el dolor o por el deseo insatisfecho? Como closer debes darte cuenta de esto. Y, en realidad, es lógico. Si vendes un servicio que se llama "Escala tus primeros 100 dólares", ya sabes que los leads que se interesen vendrán motivados por el dolor de no ganar dinero. Si vendes otro de "Escala tu facturación de 50.000 dólares a 100.000 dólares", ya sabes que irá motivado por el deseo insatisfecho de tener más.

Mi academia, Five Stars, recibe a tres tipos de leads. Por un lado, están las personas que están cansadas de sus trabajos actuales, y como tal compran por el dolor. Otros son closers exitosos que desean mejorar los resultados que ya tienen. Y, por último, están los dueños de negocios que quieren multiplicar el nivel de sus closers.

El Bloque de Deseos/Objetivos

Nos hemos adentrado en el infierno con nuestro cliente, ¿qué tal si ahora le llevamos hacia el cielo? La gente compra para obtener un resultado, así pues, ¿qué es lo que quieren?

7. Imagínate que ahora mismo tuvieses un superpoder, y pudieras con un chasquido de dedos cambiar algo de tu situación respecto a tus ventas, a tus finanzas, a tu economía o incluso pedir un deseo 100% ligado a la misma temática/área... ¿Qué cambiarías o qué deseo pedirías?

El chasquido de dedos hace que la mente piense en el deseo más importante de todos. Ese es el number 1. El objetivo Grand Slam. Lo que más quiere conseguir. Su principal motivación de compra. Estate atento y pasa a la siguiente pregunta.

8. Okey, además de "NOMBRAR EL DESEO QUÉ TE PIDIÓ" ¿Qué otros objetivos, resultados y aprendizajes te gustaría lograr formándote con .... Augusto Bianchi en Five Stars?

–Okey, y además de conseguir tener una tasa de cierre del 70% sobre el lead cualificado, ¿qué otros objetivos, resultados y aprendizajes te gustaría lograr formándote con.................................?

Al igual que con los dolores, acá buscaremos más información específica.

–Quiero saber el perfil psicológico de mis leads para ver qué tipo de comunicación mantener con ellos durante la llamada.

–¿Y qué más?

–Me gustaría aprender a cerrar sin objeciones.

–¿Y qué más?

–Y cómo gestionar mis emociones. Si tengo una mala racha, ¿cómo puedo sentirme bien?

–¿Y qué más?

Y recuerda, no te conformes con respuestas paja: tu cliente no quiere solo "mejorar". Hazlo concreto; hazlo real. Convierte un quiero mejorar mis ventas a un quiero mejorar la parte del cierre de mis ventas. Convierte un abstracto quiero ser feliz a un quiero generar la confianza que me permita emprender ese proyecto que tengo en mente. Un quiero ganar más a un quiero ganar mil dólares extras cada mes.

Toda esta información es puro oro, y cuanto más claro muchísimo mejor. Todo esto lo usarás en la etapa de la presentación de tu servicio. Es tu responsabilidad, como closer High Ticket buscar que el lead responda de forma concreta y específica.

El cerebro evade lo específico. Le encanta la paja. Y lo hace para no cambiar. La zona de confort es alérgica al cambio. Si tu lead se resiste, puedes usar este planteamiento:

–Quiero ganar más –dice el lead.

–Brother, sabéis que los últimos estudios de la neurociencia y psicología dicen que la mente se divide en una parte consciente y en otra inconsciente. La parte consciente no controla más del 5%, así que estamos dominados por el otro 95% del inconsciente. Esta parte no entiende de intangibles ni de respuestas poco específicas. Si dices que quieres ganar más, tu mente puede entender que ganar más son cincuenta céntimos. ¿Estás acá por cincuenta céntimos más? Te lo diré de otra forma. Si dices que quieres bajar de peso, tu mente entiende que bajar cincuenta gramos ya es suficiente. ¿Y lo es? ¿Realmente lo es? Si vas a pagar un tratamiento con un entrenador, no será únicamente por cincuenta gramos. Quieres una transformación real. Así que, ¿cuánto quieres ganar?

El lead lo comprenderá y te responderá. El dinero no es abstracto, y las ventas que hagas tampoco pueden realizarse mediante ese medio. ¡Es sentido común!

9. Imagínate que las cosas salen tal cual las quieres y deseas... ¿Cómo te visualizas cuando egreses en .... ,es decir, de acá a 6 meses, en cuanto a tus ingresos, tu negocio y tu vida en general?

Aquí busco saber si el servicio que le voy a ofrecer lo ve relevante o no.

–En el futuro me veo casado, con una pareja y con hijos maravillosos. Con mucha confianza, con mucha seguridad...

En la respuesta anterior puedo decirle que la mentoría le ayudará a elegir a la pareja correcta. Cuando los leads llegan a *Five Stars*, les digo que entrar en la academia es una decisión de vida. No es sólo ganar dinero. Es aprender una profesión digital que les permitirá vivir en cualquier parte del mundo. Es, literalmente, cambiar tu vida.

La pregunta también me permite ver cuáles son los estándares del lead, es decir, ¿tiene los pies sobre la tierra?

–¿Cómo te ves en cinco años?

–Me veo facturando un millón de euros al mes.

–¿Y ahora en cuánto estás?

–En cero. Estoy estudiando para ser profesor de matemáticas.

–...

A este lead le bajo a tierra. Como profesor de matemáticas no vas a ganar eso. Un adulto con la mente de un niño no me pagará un ticket de tres mil dólares. El que tiene ese dinero tiene también contacto con la realidad. Los objetivos irracionales no compran. De hecho, son los futuros ghosteadores.

Ahora bien, hay personas que tienen los estándares muy bajos. ¿Cómo se aborda a esta tipología?

–¿Cómo te ves de acá a cinco años? –pregunto.

–En cinco años me veo casado, con mi mujer y mi hijo. Tener nuestra casa. Viajar por el mundo. Y ganar setecientos dólares por mes.

¿Lo viste? Si el ticket que estás vendiendo vale dos mil, ¿cómo crees que le puedes vender si los estándares del lead son tan bajos? Ahí entra el trabajo de hacerle ver cuán pequeña es su visión. Si tu máxima aspiración intelectual es aprender a leer y escribir, ¿cómo te vendo un doctorado?

–Escúchame, me acabas de decir que quieres viajar por el mundo junto a tu familia. ¿Crees que con setecientos dólares al mes puedes hacer eso?

–Sí.

–Tres pasajes. Tres camas... y luego mantener a una familia...

–Es verdad, tal vez necesite algo más.

Esta pregunta se la dedico a los leads más inconscientes. Si le vendo a un empresario con experiencia (lead consciente) una consultoría para su equipo de ventas con el fin de mejorar sus resultados, entiendo que ya tiene el background para comprender qué es lo que quiere. Así que paso a lo siguiente.

Aquí pasamos al cuarto bloque de la cualificación, el **Bloque Puzle.** ¿Por qué? Porque acá averiguaremos las piezas del puzle que le faltan al lead para pasar del punto en el que se encuentra al punto dónde desea estar.

10. ¿Qué es lo que sientes que hasta este momento te ha impedido alcanzar los resultados que buscas? Es decir, ¿qué es lo que hasta este momento te frenó, limitó, impidió que logres "MENCIONAS VARIOS DE LOS OBJETIVOS QUÉ ANTERIORMENTE TE MENCIONÓ QUE QUIERE CONSEGUIR"?

Esta pregunta imprescindible surgió a través de mi experiencia. En este punto ya hemos tratado la generación de la urgencia interna, además de la búsqueda de los dolores y deseos. Pero podemos obtener más información acerca de los limitantes del lead. En realidad, las siguientes preguntas no son obligatorias, pero a mí me va mejor aplicarlas. ¿Por qué iba a ser distinto con vos?

El punto de esta pregunta es que observen lo que existe entre el punto A y B. ¿Qué les está impidiendo llegar al punto B? ¿Cuál es el precipicio que nos impide llegar a la meta? Eso es justo lo que el lead necesita. Necesita que endereces el camino.

–¿Qué te impidió perder peso? –pregunta el closer.

–Necesito alguien que esté encima de mí para medir mis macros y me motive para entrenar. Me falta disciplina.

–¿Qué te impidió no facturar más?

–El proceso del cierre de ventas. No consigo de ninguna manera cerrar a mis clientes aunque mi servicio sea bueno. Me pongo muy nervioso al final de las llamadas.

–¿Qué te impide cerrar el 70% de tus llamadas?

–No sé rebatir objeciones ni pedir el dinero.

En estas respuestas el lead te está diciendo las piezas que le faltan a su puzle. Cuando presentes el programa, te enfocarás en estas piezas que te ha dicho. Para el que quiere perder peso, le dirás que tendrá un coach cualificado todos los días a su disposición; para el que quiere facturar más, le dirás que te enfocarás en enseñarle la parte final de la llamada de venta, que es el cierre; para el que quiera romper el hielo, le dirás que le mostrarás distintas técnicas para comenzar conversaciones y no sentir vergüenza.

Si el programa tiene lo que él necesita, te comprará. Pero recuerda, el programa debe tener lo que él necesita. ¡Sé ético!

Ahora bien, ¿qué ocurre si el lead te da largas? Recuerda que necesitas respuestas específicas. En ese caso, puedes pasar a la siguiente pregunta.

11. A esto le llamo el puente de epifanía o el argumento de autoridad. Es decir, es valerse de un experto en el área que estás tratando para fortificar tu punto. Si no conocen al experto, puedes edificarlo. Es decir, puede ser que no conozcan la figura de Tony Robbins, pero si les dices que fue el coach de personalidades como Barack Obama, Conor McGregor o Michael Jordan, de seguro te escucharán. Tal y como yo lo aplico, quedaría así:

Tony Robbins siempre dice que cuando hablamos de limitantes que nos impiden alcanzar un resultado en el área que sea de nuestra vida, siempre hay dos tipos de limitantes.

- Limitantes técnico/teóricos: imagina que quieres desplazarte en carro a otra ciudad, pero no sabes conducir, ni siquiera sabes ponerlo en marcha. ¿Cuál es el limitante? ¡Que no sabes conducir! Es un problema técnico.

- Limitantes internos: los miedos y creencias inconscientes. Sabes conducir perfectamente, pero te da miedo chocarte, que te insulten, que ocurra algún accidente. Por lo cual, el problema no es técnico, sino interno.

Así que, ¿cuáles son esos limitantes a nivel técnico/teórico y sobre

todo, cuáles son esos limitantes a nivel de miedos y creencias limitantes que son los que justamente hacen que "NOMBRE DEL LEAD" a día de hoy no puedas conseguir los resultados que buscas, que deseas, y que me has estado comentando en esta llamada?

12. ¿Estás dispuesto a el día de hoy dar un paso al frente en post de convertirte en una persona que "MENCIONAR SUS OBJETIVOS PRINCIPALES"?

Esta pregunta es la reconfirmación para pasar a la siguiente etapa. En este punto, ya deben saber lo que quieren. Facturar 50.000 $ antes de que acabe el año, mejorar su estado físico disminuyendo 17 kilos para antes del próximo verano, incrementar su facturación trimestral... Y también saben que depende de ellos convertirse en esa persona. Sólo necesitan estar dispuestos a comprar el servicio que, dentro de nada, les presentarás.

Sigamos adelante.

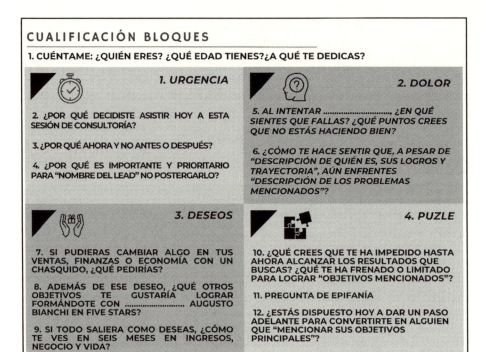

8 ETAPAS DE CIERRE

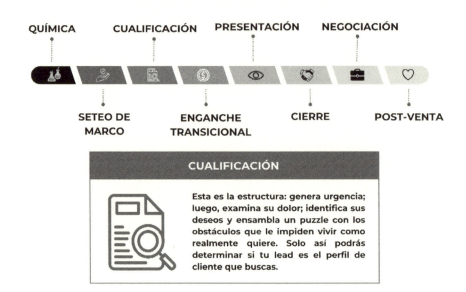

4. El enganche transicional

Este es el enganche que está entre el mediocampista y el delantero. Está a medio camino entre la cualificación y la presentación del servicio que vamos a vender. El pivote tiene dos funciones:

- Mostrar el precio: sí, nosotros diremos el precio en este punto, no al final. Antes de presentar el servicio. ¿A qué tienes miedo?

- Reconfirmar lo que el lead busca: Esto te permitirá presentarle el servicio de forma personalizada. Esta es la diferencia entre High Ticket y Low Ticket. El Low es lo mismo para muchos; el High es la personalización para el lead.

13. Para Mentores/Infoproductores/Marcas Personales que desean "MENCIONAR SUS OBJETIVOS" existe ....

.... es una formación de .... que combina una plataforma online de contenido + 3 clases en directo cada semana + Seguimiento durante todo tu proceso.

Dentro de .... hay 3 paquetes o Membresías Principales:

• El más exclusivo VIP que cuesta 10.000$

• El Intermedio que cuesta 5000$

• Y el Estándar que cuesta 3000$

Independientemente de cuál elijas... ¿Qué te esperas de esto, es decir, qué te esperas de este programa y de esta Mentoría?

Aquí está la pregunta clave. ¿Qué espera del programa? En ocasiones, el lead te dará respuestas poco específicas, y ya he dicho que lo inespecífico no pondrá dinero a tu bolsillo. Pero piénsalo, el lead está nervioso. Acaba de saber el precio, así pues, hay unos cuantos hacks que funcionan muy bien. ¿Quiere decir que a ti te funcionarán? A los cientos de miembros de mi academia Five Stars sí. También a las empresas que me han elegido como mentor de ventas.

El primer hack es "teatralizarlo". Hacerlo divertido. Eliminar la presión.

–Esto cuesta 3000 dólares, así que ponte en el personaje de ese jefe cabrón; de ese profesor de la universidad que era un pesado; ese cliente que va a un restaurante y se queja porque no le gustan las sillas… Ponte en ese personaje de cliente exigente y dime, ¿qué esperas del programa?

Otra forma de hacerlo es:

–Nosotros somos excelentes, pero queremos ser aún mejores, por eso necesitamos clientes que nos exijan. Así que exígeme, ¿qué te esperas del programa?

(Fíjate que acá das la vuelta a la tortilla. El closer promedio tiene miedo a vender el servicio que ofrece porque piensa que es demasiado caro; sin embargo, acá tú estás poniendo en valor el servicio, y esa confianza el lead la percibirá).

Y acá tienes otra forma:

–Un cliente insatisfecho cuesta un millón de euros, no porque me vayas a quitar un millón, sino por lo que simboliza a nivel energético. Además, en el mundo digital cualquier crítica o reseña negativa afecta a cualquier producto o servicio, así que necesito entender qué más te gustaría obtener de este proceso. Así pues, ¿cuál es ese resultado, sensación u objetivo en el que me dirías: Agus, si tú me puedes jurar, prometer y garantizar que si yo entro a …………….. dentro de tres meses voy a obtener este resultado ……………, estoy dentro, ¿cuándo empezamos?

14. Ponte en el personaje del cliente exigente, ese bien detallista y cabrón y dime: ¿Qué más te esperas del programa? ¿Qué más te esperas de las clases, el contenido, la práctica, el acompañamiento, etc etc etc?

En el caso de que no lo hayas teatralizado antes, hazlo ahora. Estate atento a sus respuestas y muéstrale esa confianza. El marco es tuyo. El lead no espera nunca que el vendedor le muestre esta faceta.

–Si me garantizas que si entro en ……………. voy a estar trabajando en una empresa en tres meses, estoy dentro –te dice el lead.

—Exígeme más. Vas a estar en este programa durante un año al menos. Si sigues el paso a paso, es imposible que no lo logres.

Sé lo que me vas a preguntar: ¿qué ocurre si el lead pide más de lo que puedes darle? En realidad, si has hecho la cualificación tal y como te he indicado, no pasará casi nunca. Sin embargo, imagina que el lead te dice que lo que espera con tu servicio o programa es facturar un millón de euros. O que quiere conocer a su pareja ideal antes de seis meses. Prometer eso sería humo, pero atento a esta verdad.

—Mira, no puedo prometerte que vayas a facturar un millón en seis meses, ni siquiera yo lo he hecho. Pero sí puedo asegurarte de que vas a obtener las habilidades que harán posible que los ganes.

—Mira, no puedo prometerte que en seis meses vayas a conocer a tu pareja ideal. Pero sí puedo decirte que vas a obtener las habilidades para que la puedas conocer en cualquier momento de tu vida.

La honestidad suma puntos. Los leads escapan de los vendehumos.

15. ¿Hay algún otro contenido, información o resultado que si pudiéramos ASEGURARTE/GARANTIZARTE que lo logres, me digas "Estoy dentro de ...., empecemos hoy mismo"?

Sólo en el caso de que sientas que no lo has enfatizado suficiente.

16. Okey perfecto, fíjate que en base a lo que me cuentas puedes generar resultados. Los objetivos que tienes son realizables, son posibles, y LOS VAMOS A LOGRAR, pero no de un día para otro.

Es necesario que sigas nuestro proceso, que por eso dura .... meses, para asegurar resultados. No queremos coleccionar alumnos, queremos únicamente casos de éxito que nos permitan seguir creciendo y sean testimonios.

Por eso es que el proceso que vas a vivir lo vamos a dividir en 3 pilares fundamentales.

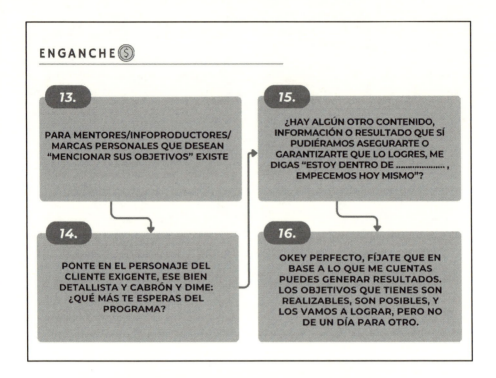

8 ETAPAS DE CIERRE

5. Presentación

En esta etapa tomarás el monopolio de la palabra. Es la parte más propia de un vendedor. Como dije, esta etapa es altamente personalizada al lead. Hasta este momento, ya te ha dado las piezas del puzle que necesitas para mostrarle un traje a medida. Que sea High Ticket es debido a la cercanía o al volumen de contenido que tiene el servicio que ofreces.

Cuando es un producto 1:1, puede haber una estructura sencilla, pero, ¿qué ocurre cuando vendes un programa muy extenso? No puedes estar una hora aburriendo a tu lead acerca de las miles de horas que tiene tu infoproducto. Debes acotar la información que presentas sólo con las piezas que a tu lead le importan. Es por eso que esta parte dura entre dos y ocho minutos. Los closers promedio basan su proceso en esta fase, y lo único que consiguen es saturar y aburrir al lead de información que no necesita ni quiere.

En la presentación del servicio o producto, jugaremos con dos tipos de contenido:

- **Estructural:** precio y entrega del servicio. (¿Por cuánto tiempo se tiene acceso? ¿Mentorías en directo? ¿Se pueden ver grabadas? ¿Qué horario y día? ¿Existe un grupo o comunidad?).

- **Proceso de transformación:** ¿qué vamos a hacer específicamente con el lead? ¿Cómo será el proceso?

Cada infoproducto tiene una metodología determinada, y por eso debes presentar los diferentes pilares con los que trabajarás. Es decir, le vas a contar la promesa del servicio y la metodología aparejada. Yo te presentaré tres pilares que son extrapolables a cualquier servicio que vendas. ¿Puedes modificarlos a tu antojo? Sí, pero al final del día todo se basa en la Información, en la Introspección y en la Acción.

El truco de estos pilares es mostrar que cada uno de ellos es esencial, y que a su vez deben combinarse. Muchas personas tienen la información necesaria para generar un emprendimiento exitoso, por ejemplo, pero les falta la mentalidad o las acciones específicas requeridas. Por otro lado, hay personas con una gran energía accionadora, pero les falta la información adecuada. Y luego hay otros que, con mentalidad, carecen de la información correcta, y que por eso no pueden actuar correctamente. Si falta uno sólo de los pilares, el edificio se cae. Si están los tres, el edificio se mantiene erguido.

Recuerdo que en mi época estudiantil, las manos me sudaban tanto en los exámenes que tenía que llevarme toallas de casa. Aunque había estudiado lo suficiente para sacar notas excelentes, mi ansiedad y nerviosismo no me lo permitían. ¡Me sobraba información! Pero faltaba algo.

Esto es justo lo que tiene que ver el lead, y lo harás de manera escalonada:

Pilar 1: Teórico-Técnico: ¿Cómo te vas a sentir más seguro? ¿Con información y foco? ¿O quieres ir a la deriva y sin brújula? Aquí vamos a darte el arsenal más completo.

En Five Stars, donde formamos a closers High Ticket, decimos lo siguiente cuando se trata de presentar este pilar.

–Aprenderás las 8 fases clave del proceso de cierre, incluyendo técnicas de cierres universales y específicos. Te entrenarás para interpretar el perfil psicológico de tus clientes, superar tus limitaciones mentales y elevar tu termostato financiero. También adquirirás estrategias avanzadas para cualificar en profundidad, dominarás la creación de urgencia tanto interna como externa, y sabrás cómo rebatir dudas racionales. Conocerás el método socrático, que permitirá que el cliente resuelva sus propias objeciones, y te enseñaremos a conectar con sus emociones para comunicar y cerrar la venta de manera efectiva.

Tienes que comprender las distinciones teóricas y metodológicas que te van a permitir "NOMBRAR OBJETIVOS". Para eso es que vas a tener el área de miembros llena de contenido, 3 clases en directo a la semana, espacio para preguntas y respuestas, ejemplos reales, etc etc etc. Ahora bien, solo con la teoría NO es suficiente. De nada te sirve saber todo esto si cuando tienes el cliente en frente te quedas en blanco, tartamudeas y no puedes avanzar (NOMBRAR PROBLEMAS QUÉ LOS LIMITAN). La información no sirve de nada si no tienes la Mentalidad Adecuada. Por eso tenemos el Pilar de...

Pilar 2: Mentalidad

–No sirven de nada las herramientas si no tienes una mentalidad adecuada que las gestione. Por eso, el segundo pilar de Five Stars es el Mindset, el trabajo interno, el poder cambiar los diferentes miedos y creencias que impiden que tengas los resultados que quieres. Esta no es una Mentoría de Motivación donde te dan dinámicas y ejercicios superficiales para que te sientas bien por un rato pero no generes un cambio perdurable. Nuestra intención es marcar un verdadero antes y después, que se cree un cambio interno en vos. Y para eso va a haber muchísimos ejercicios de Coaching, de Psicoterapia, de PNL, de escritura, de introspección, de toma de consciencia y sobre todo también el tercer pilar fundamental de la mentoría.

Según el servicio, tendrás que adecuar la explicación adecuada. Recuerda que debes ser personalizado. Puedes tener un guion, pero al lead sólo le interesan unas pocas piezas del puzle. Si te ha dicho que le cuesta vender más, enfócate en expresar que en el programa trabajarás el miedo a las ventas. ¡Hazlo personal!

Pilar 3: Ejecución

–El pilar 3 es la práctica, la ejecución: Siempre vas a aprender diferentes ejercicios y conceptos para que puedas implementar en tu proceso y en tu negocio y así ir avanzando. La ejecución es la que genera resultados y Augusto continuamente va a estar encima de ti apoyándote a que implementes todo lo que vas a ir aprendiendo con la intención de que generes resultados. Ya sabes, la única intención es que seas un caso de éxito y que esta no sea una formación más, sino que sea LA FORMACIÓN. Y, al final, si te fijas, todo es una fórmula. Necesitas la información correcta de los mentores correctos + el MindSet adecuado que se obtiene a través de los procesos internos de introspección + la ejecución, la toma de acción. Cuando combinas al mismo tiempo durante 180 días consecutivos y de forma acompañada INFORMACIÓN + INTROSPECCIÓN + TOMA DE ACCIÓN obtienes como resultado TRANSFORMACIÓN. Y eso es lo que queremos para tu negocio y para tu vida, esa es nuestra visión y por eso Five Stars contiene todo lo que contiene, y dura todo lo que dura.

Por eso, yo siempre digo que al final es tener la información correcta de los mentores correctos, vivir el proceso de introspección adecuado y vivir la práctica, la ejecución. Y eso unido crea la transformación.

Y esta es la visión de esta mentoría, así que, de lo que escuchaste hasta acá, ¿te gusta la mentoría?

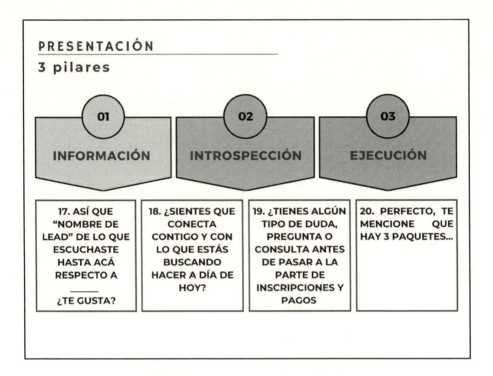

8 ETAPAS DE CIERRE

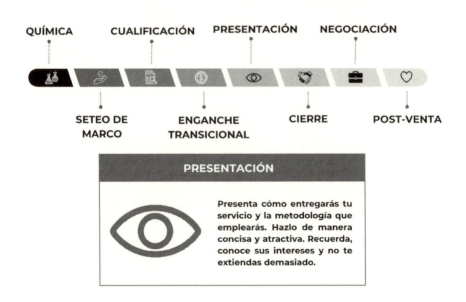

6. Cierre

La Teoría del Cierre

Todo el proceso previo ha servido para llegar a este punto. Sí, ¿de qué sirve estructurar la mejor jugada si luego no pateas al arco? O dicho de otro modo, ¿de qué sirve cualificar y conocer al lead si no te paga?

Sí, el cierre es esencial. O cobras o no cobras. La diferencia entre la gloria y el olvido. No hay mucho más. El cierre no es el punto más importante del proceso, pero sí es la culminación del trabajo bien hecho. ¿Qué tan bien chutas? ¿Desde dónde lo haces? ¿Cómo construyes eso? He visto a closers expertos chutar desde su propia portería, o desde mitad de cancha. Ninguno se toma el tiempo necesario para cocinar al lead. Yo sólo quiero que metas gol con el arquero vencido. Sólo así consigues un 90% de tasa de cierre.

Sé lo que estás pensando. ¿Qué tiene de malo chutar desde mitad de cancha? Te contaré una experiencia personal que de seguro ya habrás vivido si tienes algo de experiencia en la profesión.

—Conozco el servicio que das. Hace diez años que veo vuestros vídeos y redes. Muchos amigos se han formado con vosotros, y he visto el cambio brutal que han dado. He visto la transformación del antes y el después. Dime cuánto es y los días de las clases. No importa la cifra. Lo pagaré —me dijo el lead nada más abrir la llamada.

Y ahí estaba yo, un Augusto inexperto y feliz por tener una llamada tan fácil. El universo me sonreía.

—Son dos mil dólares. Toma el link de pago —le dije yo.

Hoy, años después, aún sigo esperando la transferencia.

¿Qué falló? Que no hubo un proceso previo. No tenía un marco de autoridad. Sólo tenía una promesa vacía y sin cualificar. Ni siquiera me hace falta preguntar si te ha ocurrido esto. Es tan común como el café mañanero.

Vale, lo sé. Si aún no tienes experiencia en el sector puede que te resulte extraño. Te regalaré otro ejemplo. Mystery, una referencia en la comunidad de la seducción, sugería que tienes que pasar al menos siete horas con una mujer antes de tener sexo con ella. ¿Por qué? La idea detrás de esta regla es que permite a ambas partes desarrollar un sentido de familiaridad y seguridad, que son esenciales antes de avanzar hacia una relación más íntima.

Si quemas etapas... ¡Te quemas!

Si no pasas el proceso correctamente, te enfrentarás a miles de problemas por el desconocimiento, las expectativas no cumplidas y la falta de conexión emocional.

¿Para qué querrías quemarte si tienes un proceso perfectamente alineado para ahorrarte pérdidas de tiempo y sufrimiento?

Por otro lado, esta etapa del cierre está íntimamente unida a la negociación. De hecho, es complejo establecer una línea divisoria. El cierre es patear al arco: son cinco dólares, ¿cómo lo vas a pagar? Si te dicen que lo ven caro, ahí entras en la negociación de las objeciones. Cuando resuelves la objeción, cierras. Si aparecen más objeciones, vuelves a resolverlas, y de nuevo cierras. Es el juego de acelerar y frenar.

–¿Entonces cómo vas a pagar?

–Lo veo caro.

Negocias y resuelves la objeción.

–¿Cómo vas a pagar? ¿Transferencia? ¿Criptos?

Aquí estás cerrando otra vez. Estás acelerando a la línea de meta.

–Es que no sé si tengo tiempo suficiente para ver todas las clases.

Vuelta a la negociación.

Y así hasta que no queden más objeciones. Entonces sólo quedará el cierre. El pago o la reserva. El gol.

Bien, dicho esto, vamos al meollo. Si recuerdas, acabamos justo de terminar de presentar el producto o servicio que estamos vendiendo. Por ello, ya estamos listos para hacer la transición al cierre.

17. Así que "NOMBRE DE LEAD" de lo que escuchaste hasta acá respecto a .... ¿Te gusta?

Recuerda que lleváis cerca de una hora conversando. Le has escuchado, y el lead ha visto la visión de tu servicio.

18. ¿Sientes que conecta contigo y con lo que estás buscando hacer a día de hoy?

Más de lo mismo. Estás buscando ese SÍ.

19. ¿Tienes algún tipo de duda, pregunta o consulta respecto a la Mentoría que quieras hacerme ANTES DE pasar a la parte de inscripciones, pagos y todo lo demás?

Atención a esta pregunta condicionada. Fíjate bien. Si te dice que no tiene más dudas, está admitiendo que está preparado para pagar. Si te dice que tiene más dudas antes de pagar, resuelve las dudas y objeciones.

20. Perfecto, te mencione que hay 3 paquetes (10.000usd, 5000usd y 3000usd)

Te acaba de decir que no tiene ninguna duda (objeción) antes de pagar. Así que ciérralo.

–Todo lo que te mencione hasta acá ya viene incluido en el paquete estándar, en el de 3000, si te interesan los demás y los ves viables económicamente te comento que es lo que tienen, y si no, comenzamos directamente por el paquete estándar, como tú me digas. Así que, ¿cómo te queda?

En el caso de que vendieras un único paquete, la pregunta sería más sencilla:

–Perfecto, como sabes, ... vale 3000 dólares. Si pagas acá en llamada, el paquete queda en 2500. ¿Cómo te queda en pagarlo?

Okey, acá tienes las tres preguntas del cierre. No hay mucho más, ni mucho menos. Sin embargo, es importante hablar del gran diferencial que he aplicado. Y es que me aseguro que los leads paguen antes de finalizar la llamada.

Cómo hacer que paguen en llamada

¿Cóóómo?

Ya veo cómo te estás cagando de miedo. El dinero escapa de los cobardes. Un closer High Ticket tiene la suficiente valentía para decir lo que tiene que decir. Ya ha trabajado lo suficiente en sí mismo. De hecho, lo diré de un modo más simple.

O tu lead paga en la llamada o no te pagará.

Duro pero cierto. Léelo las veces que quieras, eso no hará que sea falso.

–¿Algún tipo de duda ANTES DE pasar al pago?

–No.

–Bien, ¿cómo te queda en pagarlo?

–Tarjeta.

–Bien, ¿la tienes ahí contigo?

–Sí, en la cartera.

–Bien, sácala y mientras te envío el link de pago al WhatsApp, escríbeme tu nombre completo y el correo.

–¿Qué? ¿Lo tengo que hacer ahora?

–Sí, así mientras haces el pago te meto al grupo de Whatsapp, te genero tu usuario y contraseña en la plataforma, te enseño cómo iniciar sesión y nos aseguramos de que todo vaya bien. ¿Vale?

No hay escapatoria que valga. Cerrar es cerrar las vías de escape. Si no te paga antes de finalizar la llamada, olvídate. No cerraste. No vendiste. No volverás a saber del lead que creías que ya era un cliente. Y el lead se marchará porque te faltaron los huevos necesarios para decir lo que tenías que decir.

–¿Tienes la tarjeta ahí?

–Sí, en la cartera.

–Perfecto, pásame tu nombre, apellidos y correo por chat yo te paso en enlace de pago.

El lead suda la gota gorda. Habría deseado decirte que tenía la tarjeta en el trabajo, que después, o mañana, te pagará. Pero tú le cerraste esa vía de escape. Te acaba de decir que tiene la tarjeta en el bolsillo.

Cerrar las vías de escape es cómo jugar a la mancha. Tienes que correr y contagiar a los otros niños. Si juegas a la mancha en una habitación con diez ventanas, los niños escaparán por ellas. Por eso tu trabajo consiste en cerrar las ventanas. Es ahí cuando no pueden escapar. La única alternativa es que pague o pague.

–¿Tienes la tarjeta ahí?

–Sí, en la cartera.

–¿La tienes habilitada para pagos internacionales y demás, verdad?

–Sí.

–¿Y tienes liquidez?

–No, justo lo tengo en inversiones.

–¿En este momento cuánto tienes líquido?

–500.

–Bien, ¿realmente quieres hacer esto? (esperas el sí). Hagamos una cosa, recuerda que si no se paga acá, pagarás 3000 en vez de 2500. Por eso, esos 500 pueden servirte como una reserva y mientras pagas la reserva, mueves las inversiones en líquido. Sé que tarda 24 horas. Pero bueno, al menos te aseguras entrar al precio reducido. ¿Te parece? Bien, vamos con todo entonces.

Sé que aún no te crees lo que estás leyendo. ¿Cómo le voy a decir que paguen en llamada? ¡Cagados! He formado a cientos de closers españoles, donde las facilidades de pago son mucho más elevadas que en LATAM. Ellos tienen leads con más recursos, y además tienen la opción de financiación. Y, todavía así, muchos de ellos se cagan en los pantalones.

Imagínate que el lead te dice que tiene la tarjeta en el trabajo, y que tienes que esperar a que regrese en tres horas a la oficina.

–¿Vos prefieres entrar en la mentoría por 2500 o por 3000?

–3000.

–Obvio. El caso es el siguiente, una vez finalice la llamada quedará registrada en nuestro CRM que no hubo ninguna transacción y el descuento expirará. No quiero que por tres horas pagues 500 dólares más. 500 dólares por tres horas. ¿Qué otro modo de pago tienes con el que al menos puedas hacer una reserva? Ya luego vas a la oficina tranquilo y pagas el restante.

–No tengo dinero para transferir en esta cuenta.

–¿Cómo que no tienes? Entonces si te quieres pedir una pizza, ¿no lo puedes pedir? Por el mismo precio puedes hacer la reserva.

¿Lo ves? Se trata de cerrar todas las vías de escape. ¡Todas las ventanas!

–No tengo dinero en la cuenta para reservar.

–Bien, ¿hace cuánto trabajas en esa oficina? ¿5 años? Imagino que en esos años habrás hecho buenas relaciones. ¿Cuál de ellas podría prestarte cien dólares para reservar el cupo? Luego cuando consigas solucionar el problema de la cuenta se lo devuelves.

–Me da vergüenza.

–¿Estás realmente comprometido a ....(mencionar sus objetivos)? Si ni siquiera puedes hacer que te presten unos míseros cien dólares, ¿qué esperas?

Sí, lo sé. Sé que aún tienes miedo de hacer que tus leads se conviertan en clientes en la misma llamada. Tienes miedo de poner dinero en tus bolsillos. Incluso, tal vez, ni siquiera creas que tu servicio le pueda ayudar en algo, o al menos es la historia que te cuentas para hacer tu miedo algo más digerible.

Pero un closer High Ticket tiene el poder, domina el marco. Ya desde las primeras etapas te encargaste de que el lead tomará la decisión. (¿Estás de acuerdo con esto? ¿Puedes hacerlo entonces?).

Cierres Universales

Para entender el cierre de J Balvin o el de Megan Fox, que son cierres más específicos y complejos, tienes que pasar por los cierres universales. Quizá encuentres estos cierres de forma similar en otros manuales, y son los que debes entender para pasar al siguiente nivel. Después, pasa a la cuarta parte de este libro y sube tu juego a tu otro nivel:

Cierre "Si yo te garantizo que"

Forma: Empatía + Si yo te garantizo que + Resultado que el cliente busca + Pregunta de Cierre

–Pablo, entiendo que te parezca caro, pero si yo te garantizo que en 6 meses vas a estar ganando mínimo 3000 dólares mensuales como closer, ¿entras a la Academia?

Como ves, es algo más profundo que la simple empatía + dirección, debido a que es más específico y apetecible. Puedes usarlo en cualquier circunstancia y lugar.

Cierre "Del 1 al 10"

Este cierre consiste en saber a través de una puntuación numérica qué tan adentro se siente el lead.

Forma: Pablo, del 1 al 10. Siendo 1 (coloca aquí algo tremendamente malo) y siendo 10 (coloca aquí algo tremendamente bueno), ¿en qué número estás?

–Pablo, del 1 al 10. Siendo 1 la academia es una puta mierda y estás esperando a bloquearme para no verme nunca más y siendo 10 estás con la tarjeta de crédito en la boca esperando a entrar al programa. ¿En qué número estás?

Hazlo con carisma, ese es el secreto que hará que funcione.

En cuanto a las respuestas,

1-4: –Okey, te entiendo, ¿qué podemos hacer para subir eso a un 7?

4-7: –Okey, con eso en mi país ya me sacaba la universidad. Aquí ya celebraríamos una fiesta. Ahora bien, yo quiero que entres seguro, ¿qué falta para que ese 5 se vuelva un 8?

8-10: –¿Entonces qué estamos esperando? Empecemos ya. ¿Cómo lo pagas?

A cada respuesta que dé el lead, debemos usar los cierres condicionados. Si te ha dicho que le falta ver algunos testimonios, se los das.

–Si te muestro los testimonios, ¿entras?

Cierre del "Ladrón"

Este cierre es de la casa, y consiste en hacerle buscar (y encontrar) al lead alguna alternativa para poder conseguir el dinero que necesita para comprar tu producto/servicio.

Funciona especialmente cuando el lead tiene el dinero (total o parcial) pero lo tiene destinado para otro gasto, como por ejemplo en regalos navideños o viajes.

–Quiero entrar a Five Stars, pero me voy a un congreso de literatura en Francia, y tengo ese dinero destinado a este viaje, ya que tengo que pagar la entrada, el vuelo, el hotel... –dice el lead.

–Pablo, si se te cae el techo de tu casa, Dios no lo permita, ¿cómo conseguirías el dinero para repararlo? Imagino que no vivirías sin techo.

Aquí el truco está en poner un hecho catastrófico (tenés que operar a tu mascota, un remedio para un familiar, se te cae el techo) y preguntarle al lead cómo conseguiría el dinero en ese caso para resolver ese problema.

De esta manera, el lead respondería: me prestaría mi papá, el banco, mi mejor amigo...

–¿Con ese dinero podrías reparar el techo e irte a Francia? Pues de igual forma que ese dinero podrías usarlo, usa ese dinero para entrar al programa. ¿Cómo lo vas a pagar?

Este cierre surgió cuando fui director comercial de una empresa que tenía como objetivo escalar al millón mensual de facturación. Como vendían al mercado americano, se dieron cuenta de que en Navidad las personas decían que la plata que tenían estaba destinada a los regalos, y que por ello les era imposible acceder a los programas.

–Pablo, entiendo eso de los regalos. ¿Y qué le vas a regalar a tu sobrino? ¿La camiseta de Messi original y un IPad? Bien, ahora imaginá que viene un ladrón y te roba todos los regalos... ¿Irías a casa de tu sobrino sin regalos? O, más bien, ¿buscarías la forma de conseguir la plata?

–Por supuesto, no le fallaría a mi sobrino.

–De igual forma que no le fallarías a tu sobrino, no te falles a ti mismo. De igual manera que pedirías dinero prestado para los regalos, con ahora mismo el dinero que tienes, reserva el programa, y consigue el dinero para el regalo de tu sobrino de la misma forma en que te hubieran robado. Sólo que no te han robado. Mucho mejor: lo has invertido en ti.

Cierre de "E+PRD + ALE + PC"

Forma: Empatía + Pregunta de Reconfirmación de Deseo + Argumentación Lógica y/o emocional + Pregunta de Cierre

Este también es de la casa. El nombre parece una ecuación, pero es que la verdad es que no encuentro un nombre mejor. Es el típico de empatía + dirección pero con más salsa en el medio, por lo cual funciona mejor y está más rico. Esto no lo encontrarás en ningún manual, así que atento.

Vamos por partes:

Empatía + Pregunta de Reconfirmación de Deseo

Pablo, entiendo que te parezca caro. ¿Realmente querés hacer esto? ¿Realmente te gustaría ser closer High Ticket para trabajar desde tu casa y evitarte horas de transporte y tráfico y además compartir más tiempo de calidad con tu familia facturando en dólares desde Argentina?

Aquí debemos esperar a que nos diga "Sí".

Argumentación lógica y emocional

Mira, Pablo, yo veo que estás en una situación en la que no te gusta tu trabajo, que sabes que no es lo tuyo y, por tanto, te desgasta. No tenés la posibilidad de crecimiento y aparte estás ganando 3 veces menos de lo que vas a ganar como Closer.

Entiendo el miedo a una decisión así por motivos económicos, pero justamente es eso lo que te trajo acá y por eso mismo deberías dar este paso, para de esta forma comenzar a emprender y ganar más dinero, cambiar tu entorno, tu mentalidad...

La parte lógica y emocional combinadas son una bomba. Según el tipo de lead, serás más lógico o más emocional.

Pregunta de cierre

¿Así que empezamos, Pablo? ¿Le damos para adelante?¿Hacemos el primer pago y le metemos? ¿Vamos a por esos 18.000 anuales emprendiendo desde casa?

El cierre de Morfeo

Consiste en poner dos caminos o alternativas diferentes. La pastilla roja o la pastilla azul. El cielo o el infierno. Si eres capaz de argumentar dos escenarios posibles con gran firmeza, el cierre se hace de lo más potente.

Pablo, en este momento tenés 2 tipos de opciones. La opción 1 que es quedarte donde estás, con un trabajo que no te llena, en la monotonía, en la certeza de que no vas a poder seguir creciendo y de que, lamentablemente, cada vez ganas menos dinero.

O la opción 2. La opción de pagar el precio de invertir en vos, afrontar este riesgo pero, a cambio de eso, vivir el proceso de transformación necesario para ser un exitoso closer de ventas que gane cientos o miles de dólares al mes desde su casa, teniendo la oportunidad de escalar sus ingresos, de pasar a ser un líder de ventas o vivir en cualquier parte del mundo.

¿Entonces qué camino querés tomar? ¿Qué opción vas a elegir? ¿Entonces vamos por la nueva vida de closer que gana en dólares o nos quedamos en la vida de oficinista que gana en pesos?

Como ves, puedes usar cualquier información que te haya dado el lead. El cielo es tomar el programa; el infierno es perpetuar la mediocridad de su vida.

Este cierre tiene el mismo espíritu del cierre de la caquita que tan bien suele funcionar:

Hay dos tipos de personas. Por un lado están los que toman acción y cambian su vida. Por otro lado están los que en el último momento se hacen caquita y se arrepienten siempre.

Usa este cierre con cuidado. Hay que saber con quién usarlo y con quién no.

Cierre de Benjamin Franklin

Esta técnica es ideal para los "me lo tengo que pensar". Para empezar, cuando te dicen esto es porque no quieren tomar una decisión impulsiva, emocional o apresurada. En realidad, más allá del "me lo tengo que pensar" se esconde otra objeción, y eso se debe a la falta de certeza.

–Okey, Pablo, soy el primero que no quiere que tomes una decisión impulsiva, por eso hagamos lo siguiente. Hagamos una lista de pros y contras, si los pros de tomar la decisión de entrar al programa son más que las contras, empezamos. Por otro lado, si hay una cantidad igual o muy similar de pros que de contras, te dejo que lo pienses tranquilo. ¿Te parece?

Y es tan fácil como dibujar en la pantalla una línea divisoria. En la izquierda los pros, a la derecha los contras. ¿Qué beneficios ves de tomar la decisión de ser closer? Espera que te los diga él. Y luego pregúntale por los contras.

El truco está en eliminar y argumentar las contras, con el fin de que el lead vea la estupidez de su duda. Así, a la objeción de "no sé si me va a funcionar" le puedes decir que, si no entra, de seguro no va a funcionar. A la duda de "no sé si voy a ganar esa cantidad de dinero que dices" le puedes decir que si entra en el programa puede ser que no gane justo esa cantidad de dinero, pero que ganará más de lo que está ganando ahora. Y que, si no entra, no ganará. Según vayas descartando sus objeciones, el lead comprenderá que no tiene escapatoria.

El cierre de Reframe

La forma de dar la vuelta a las objeciones. Te lo explicaré con ejemplos muy simples.

–*Thomas, fracasaste 999 veces en inventar la bombilla.*

–*No, probé 999 formas de cómo hacerlo hasta llegar a la correcta.*

–Te están saliendo canas. Estás envejeciendo.

–Estoy mostrando mi madurez.

–Me gusta el producto pero me parece caro.

–Así que te parece caro pero te gusta el producto, ¿verdad?

Con este concepto, creé un siguiente nivel. Lo llamo hipervínculo. Y se basa en agarrar ciertos conceptos y cambiarles el significado.

–Me gustaría entrar al programa pero me da miedo hacerlo.

–Entonces Ana, qué bueno que te dé miedo hacerlo porque, de hecho, siempre antes de las experiencias más bonitas y más transformadoras de la vida sentimos miedo. Eres madre, y el día antes del parto te morías de miedo y justamente de ese miedo nació la experiencia más bonita de tu vida. Así que, cuéntame: ¿cómo vas a hacer el pago?

Es agarrar la palabra clave y usarla a tu favor. El miedo es bueno. Lo caro es bueno. Lo difícil es bueno.

–Me parece caro.

–Qué bueno que te parezca caro porque, de hecho, es el indicador preciso para decirte que estás preparado para elevar tu nivel de conciencia. ¿Cómo lo vas a pagar?

Puedes usarlo con cualquier cosa.

–Me pareces un estafador.

–Qué bueno que te parezca un estafador, de hecho, la mayoría de la gente al principio cuando me conoce piensa que es una estafa porque tiene la sensación de que es demasiado bueno para ser real. Pero, una vez entran al programa se dan cuenta de lo bueno y lo valioso que es y los resultados que genera. Cuéntame, ¿cómo lo quieres pagar?

Todo lo que no está a tu favor puede estarlo. Si sabes cómo.

El cierre del "Precio que pagas de todas formas"

Este cierre es simple, y no por eso menos poderoso.

–Me parece caro entrar en la formación.

–¿Te parece caro? Bueno, el precio lo vas a pagar de todas maneras. Vas a pagar el precio de no hacerlo o el precio de hacerlo. Vas a pagar el precio de no tener la confianza suficiente para emprender. O para decirle a esa persona especial que le quieres. Vas a pagar el precio de la insatisfacción. De dormir cada noche solo. O puedes pagar los 3000 dólares de la formación y tomar el control de tu vida. Debes elegir qué precio quieres pagar. El del éxito o el del fracaso.

Nada mal, ¿no?

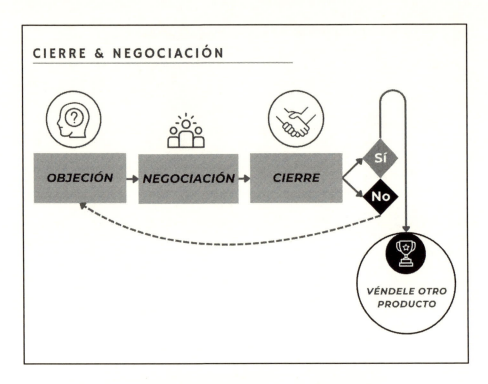

8 ETAPAS DE CIERRE

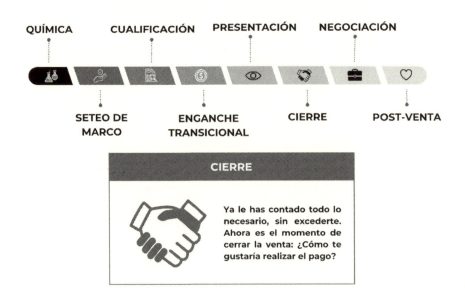

7. Negociación: que no te expriman como un limón

O resolución de objeciones. Esta fase va de la mano del cierre, y por eso es difícil establecer una línea divisoria. El cierre es patear el arco: *son 5000 dólares. ¿Cómo lo vas a pagar?* Si te dicen que lo ven caro, ahí entras en la negociación de las objeciones. *Entiendo que te parezca caro, pero si te garantizo los resultados que deseas, ¿te parecería bien? ¿Sí? Entonces démosle para adelante.*

Es acelerar y frenar. Cuando resuelves la objeción, cierras. Cada resolución es un cierre, y así sucesivamente.

Más adelante, hablaremos acerca de tipos de objeciones para situaciones muy específicas. Y, desde luego, de cómo resolverlas. En esta sección veremos lo que significa una objeción y cómo resolver las más habituales.

¿Vamos con ello?

Objeciones

Seamos simples. Una objeción es la excusa que te da tu cliente para no comprometerse con el servicio. En realidad, todo tipo de objeción se basa en el miedo. Es como esa frase que tan poco nos gusta: te quiero, pero sólo como amigo.

Debes comprender que la gente no se anima a insultarte así por así, son bastante más educados que eso. Por eso emplearán mentiras elegantes. ¿Cuántas? Todas las que puedan. El closer promedio tratará de responder a cada una de ellas como si fuera la última, y por eso pasan la mayor parte de las llamadas en discutir con sus leads. Discuten acerca del dinero, del tiempo, de los recursos... pero más allá de esto, y el closer experto lo sabe bien, se esconde la causa de las causas. No te centres en matar a las naves diminutas si sabes dónde está la nave nodriza.

No mates al efecto con otro efecto. Mata a la causa, y matarás todos los efectos.

Esto es ahorrar tiempo. Si tienes cierta experiencia, sabrás que una mente con miedo hace de la virtud un defecto. En esto no hay excepciones.

–Verás, Augusto, el programa que me ofreces es demasiado completo. No lo podré aprovechar al completo.

Esto me ha ocurrido miles de veces. ¿Debo detenerme a contarle más información acerca del servicio? Veamos cómo sería.

–Dices que 180 horas de contenido es bastante. ¿Cuántas horas podrías aprovechar?

–Cuarenta o cincuenta.

–Bien, haz el pago, y ahora entro en Hotmart y te deshabilitó 130 horas. Y así te quedas con las 50. –El lead se reirá–. ¿Ves que la objeción no tiene ningún sentido?

–Entiendo el punto, pero no creo que esté al 100% para sacar el máximo provecho.

–Bien, ¿cuánto porcentaje de provecho le vas a sacar?

–El 50%

–Vale, ¿y tendrás más éxito sacando el 50% o el 0%? Porque quedarte fuera es igual a cero. ¿Cómo lo vas a pagar?

En otra ocasión, un alumno, recibió esta objeción (después de haber resuelto otras tantas):

–Me sabe mal pagar 1000 dólares cuando hay gente en África que no tienen para comer.

El hombre que realizaba la objeción tenía cuarenta años.

Ah, y no tenía sexo desde hace veinte años. ¡Veinte! Era doctor.

–Si quieres ayudar a alguien, ayúdate a ti mismo primero. Y para ayudarte, tienes esta mentoría. ¿Cómo lo vas a pagar?

Como closers expertos, es nuestra responsabilidad acabar con tantas boludeces. Puedes resolver una o dos, pero en algún punto el miedo del lead tomará forma en mil y una excusas. ¡Vayamos a la verdadera causa!

–Me parece caro –dice el lead.

(Resuelvo la objeción).

–Los lunes y miércoles trabajo –dice el lead.

–Tranquilo, las sesiones quedan grabadas.

–Sí, pero igual... tendría que pensarlo –sigue el lead con las excusas.

–Mira, primero dijiste que era caro, y ya entendiste que no. Luego me dijiste que había días que no podías conectarte, lo cual ya te expliqué que no había problema. Así que, de hombre a hombre, ¿cuál es la verdadera duda que te hace postergar esta decisión?

Piénsalo. Si la pared tiene humedades, no resolverás nada pintándola. La causa, tal vez, esté en las cañerías. El lead puede tener objeciones reales, pero cuando van surgiendo una detrás de otra, no falla, son simplemente excusas.

La fórmula básica que engloba toda resolución de objeción es la siguiente:

Empatía + Dirección

—*Me parece caro.*

Aquí vas a empatizar.

—*Entiendo que te parezca caro hacer esto...*

Y también vas a dirigir hacia el cierre.

—*... y es para garantizarte que tengas el mejor servicio y seas un caso de éxito que llegue a los resultados que estés buscando. Por eso mismo cobramos este precio. Así que, ¿cómo quieres pagarlo?*

Podemos decir que existen dos tipos de objeciones.

- **Lógicas/Racionales:** son estructurales, y por ello no hay un miedo detrás. Son cosas básicas y comprensibles: el precio, la duración del programa... Estas objeciones se resuelven con lógica. Imagínate que el lead se va de viaje durante 15 días justo en el inicio del programa, tu responsabilidad es darle las opciones. O en cuanto al elevado precio del servicio. Todo eso es lógico, entendible, y por ello es muy fácil de resolver.

• **Ilógicas/Irracionales:** Son producto del miedo, y se basan en las famosas objeciones de "siento que no es mi momento". Cuánta más certeza construyas a lo largo de las llamadas, menos objeciones irracionales. Es así de simple.

Por otro lado, hay otros tipos de objeciones que pueden pertenecer tanto a las lógicas como a las ilógicas.

Dinero:

No tengo dinero: Si el lead te dice que no tiene dinero, puedes resolver esa objeción preguntándole qué precio emocional está pagando ya.

Darle argumento + Cómo puedes conseguirlo

—Es mucho dinero para mí.

—¿Cuánto cuesta seguir viviendo de ese modo? ¿Cuánto cuesta tener falta de autoestima? ¿No animarte a brillar? ¿Cuánto cuesta llegar a casa sintiéndome una mierda?

Tienes que darle argumentos. Y, según eso, le preguntas:

—¿No son suficientes motivos para preguntarte cómo puedes conseguir ese dinero? ¿No merece la pena conseguirlo?

Soy fan de personalizarlo todo. Así que, si por ejemplo un lead quiere entrar en Five Stars, y me dice que no tiene dinero, le digo:

—Me dijiste que estabas buscando convertirte en un closer High Ticket. También que buscabas cerrar comisiones en dólares. ¿Cierto?

—Sí.

—Por eso mismo debes conseguirlo. Si no inviertes en ti mismo no podrás mejorar tus habilidades. Si no inviertes en ti mismo no podrás aumentar tu valor en el mercado. Lo único que necesitas es eso, habilidades y aumentar tu valor. ¿Cómo puedes conseguir el dinero? ¿Préstamo, familiares, amigos, tarjetas? ¿Cómo?

No te quedes en no tener dinero o tiempo. Más bien es cómo puedes hacerlo.

Me parece caro: Esta objeción es más fácil de resolver, y tiene que ver con que el lead no quiere invertir en tu servicio debido a que no le ve el valor. Si vendes un producto de 3000 y el lead cree que debería valer 2000, le parecerá caro.

Por ello, debes revalorizar la percepción del valor que tiene el lead. El valor es subjetivo, y el marco es tuyo.

–Qué bueno que te parezca caro, y por eso mismo debes hacerlo, ya que a mayor nivel de estándares mayor nivel de ingresos.

–Caro es vivir por debajo de tus posibilidades. Caro es vender menos de lo que mereces. Caro es regresar a casa sólo y no tener a nadie para abrazarte. Caro es mirarte al espejo y no gustarte. 3000 dólares no es nada al lado de eso, así que, ¿cómo lo vas a pagar?...

Posponer toma de decisión:

El antídoto aquí se encuentra en que tan bien generes la urgencia. Dentro de esta objeción tenemos varias posibilidades:

Me lo tengo que pensar: Esta objeción no es real, pues lo que esconde es algo mucho más profundo. Esta objeción puede ser: no confío en ti o en tu empresa; ni en tu producto; no tengo tiempo... Como closer, no te recomiendo que des importancia a esta objeción, sino mejor escarba qué es lo que hay debajo, porque te aseguro que siempre hay algo concreto. Es como eso de "no me pasa nada". No, sí pasa. Siempre pasa. Aquí te dejo la táctica que uso:

–Entiendo que te lo estés pensando, ahora bien, como consumidor de formaciones de Mastermind, llevo más de 70 mil dólares invertidos, por ello sé que siempre que debía pensar algo, es que algo me hacía ruido. En tu caso, ¿qué es exactamente eso?

Es ahí donde te dirá lo que realmente le está ocurriendo: puede ser que desee una garantía, que no entienda el plan de pago...

Falta de certeza en el programa:

A la falta de certeza del lead en el programa que ofreces, la resuelves con más certeza. Pongamos un ejemplo:

–No creo que pueda generar más de 10 ventas a la semana.

–Tenemos más de 15000 casos de éxito. ¿Sabes las veces que he visto a alumnos como vos conseguirlo? Así que, ¿cómo te queda en pagarlo?

–No termino de confiar en que sea el servicio correcto para mí.

–¿Conoces a este referente? (espera a que te diga que sí). ¿Y le consideras alguien inteligente? Pues él nos eligió a nosotros (nuestro producto). Así que, ¿a qué esperas? ¿Cómo quieres pagarlo?

Tercerizar responsabilidad:

Es el tengo que hablarlo con mi novia de toda la vida. Habrá leads que te dirán que necesitan la aprobación de otros para decidir si compra o no. Normalmente, y te aseguro que es así, es sólo un intento de echar balones fuera, de no tomar responsabilidad, de esconderse.

–Tengo que justificar este pago con mi esposa o socio.

–¿El dinero es tuyo o es de ella?

(Podría cuestionar eso y convencerle, pero esto lo veremos en el cierre del perrito más adelante). Pero también podría ver que hay más allá.

–Mío. Pero es un montón de dinero, y capaz que no lo rentabilice.

La duda es que no tiene certeza total del programa. Si quisiera comprar un BigMac de 5 dólares, lo haría, porque no le genera duda. Por ello, debes darle certeza acerca de sus resultados. ¡Ve a la causa real!

Supuestos motivos lógicos:

–El acceso a tu formación son 6 meses, pero es que justo en dos meses tengo un viaje de un mes a Tailandia.

–Así es, en Five Stars tienes 180 días de acceso, pero si en esos 180 días tienes un viaje a Tailandia entre medias, tranqui, que te pongo pausa el

acceso, y cuando regreses te descongelo el acceso para que no pierdas ni un solo día del programa. Así que, ¿cómo vas a pagarlo?

Esto implica que conozcas bien el servicio que estás ofreciendo. Si respondiendo a estas cuestiones el lead sigue teniendo dudas, entonces debes ir a la causa irracional, es decir, el miedo que tiene.

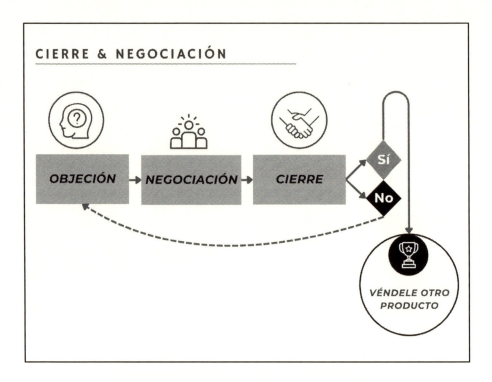

8 ETAPAS DE CIERRE

8. Así haces que te vuelvan a comprar: Postventa

Aquí tu lead se ha convertido en tu cliente. Acaba de pagarte y, tal vez, se sienta extraño. ¿Vas a dejar que se vaya así? Desde luego que no.

–¿Cómo te sientes?

–Motivado, con ganas...

–Pues antes de irnos, me olvidé de un par de cosas. Lo primero es que tienes que comprar un cuaderno para anotar la información del curso a medida que lo vayas estudiando. Y, lo segundo, es que compres una caja de condones, nosotros no nos hacemos responsables de lo que pueda ocurrir cuando te conviertas en un hombre pleno de confianza.

–¿Cómo te sientes?

–Motivado, con ganas...

–Pues antes de irnos, me olvidé de un par de cosas. Lo primero es que tienes que comprar un cuaderno para anotar la información del curso a medida que lo vayas estudiando. Y, lo segundo, es que trates de tener una LLC en regla, ya que cuando implementes este programa en tu empresa vas a tener que justificar una cantidad de dinero muy importante. Los billetes no pararán de llegar.

Da igual lo que digas, pero hazlo con carisma; que tu cliente se vaya con una sensación positiva. Piénsalo, lleváis conversando una hora en la cual ha expuesto sus dolores y deseos insatisfechos.

Una vez el cliente compra, es fácil que te compre una segunda o tercera vez. Sin embargo, las siguientes ventas son debido a la buena relación y no a una llamada de venta. De hecho, te tendrás que quitar el traje de closer y ponerte el de "vendedor".

> *"La diferencia entre un contacto y un contrato es la "R" de relación".*
> Grant Cardone

Como vendedor que mantiene una relación con el cliente, no necesitas mantener un marco de autoridad tan extendido. Yo lo dejaría en un 50-50 entre el marco y amigo. El lead se ha convertido en un hombre, y ya puede sentarse con los mayores. En Argentina, cuando un niño toma mate, se considera lo suficientemente adulto para compartir en la mesa.

¿Cómo mantengo esta relación en el tiempo?

•Nada más cerrar la llamada, anoto en el CRM (o Excel para los más antiguos) toda la información y descripción del lead, donde detallo su situación económica para saber si puede renovar o escalar a otros productos de la empresa, y así el día de mañana revisar la lista y ver quién puede comprar.

•A las 24-48 horas tras la venta, le escribo para preguntarle cómo le funciona el servicio o la plataforma. Me interesa saber si está contento.

•Y, luego, cada una o dos semanas sigo manteniendo el contacto mientras dura el programa. Esta "tontería" suma tanto a la empresa como al alumno, ya que implica más a ambas partes.

La postventa es una mina de oro que no todos explotan. ¡Qué pena!

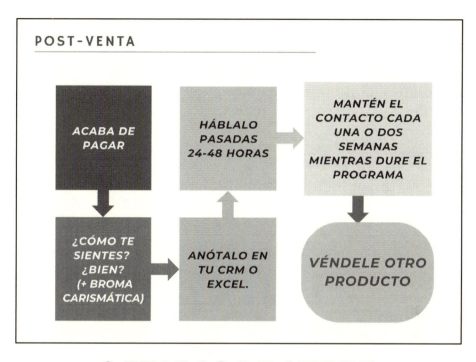

8 ETAPAS DE CIERRE

Adapta este guion y prepara tu cuenta bancaria

Siéntelo propio. Tienes que sonar natural. Nadie confía en un robot. No tienes que seguir todas las preguntas al pie de la letra, pero sí la estructura. Eso es lo que hace la diferencia.

1. GENERACIÓN QUÍMICA

– Hola, Pablo. ¿Estás en Canadá dices? (me lo acaba de decir)

–Sí.

–¿Hace frío, verdad? (sé que los inviernos en Canadá pueden ir hasta los -30°)

–Sí.

2. SETEO DE MARCO

Bueno, bienvenido Juan a esta llamada, a esta reunión. Mi nombre es Marcos y soy experto en ventas High Ticket y mano derecha de Augusto Bianchi.

Ya leí tu perfil en el formulario y también hablamos con Augusto sobre tu caso y tu situación, y sobre todo sabemos con precisión y claridad como ayudarte en caso de que desees entrar a formarte con nosotros durante 6 meses en la Academia Five Stars.

Pero antes de eso te voy a explicar bien para qué es esta llamada y qué es lo que vamos a hacer.

Primero nos vamos a presentar, así nos conocemos bien y sabemos quiénes somos.

Después vamos a pasar a la parte de consultoría dónde te voy a hacer una serie de preguntas. Y, por último, si te gusta y te hace sentido, te voy a invitar a que puedas formar parte de nuestro sistema de mentorías/programas.

Lo que te voy a pedir es que seas totalmente honesto para el día de hoy poder decidir; si quieres dar el paso al frente y que trabajemos juntos o si por A o por B prefieres no hacerlo. Da igual lo que elijas.

Elijas lo que elijas va a estar bien, seguiremos siendo amigos, buen rollo, buena vibra pero sí que buscamos una decisión el día de hoy.

¿Estás de acuerdo con esto? ¿Puedes hacerlo entonces?

3. CUALIFICACIÓN

1. Cuéntame quién eres, qué edad tienes y a qué te dedicas.

(Bloque de Urgencia)

2. ¿Por qué tomaste la decisión de presentarte hoy a esta sesión de consultoría?

3. ¿Por qué ahora? Es decir, ¿por qué hoy (dices la fecha de hoy) y no a lo mejor hace un mes o dentro de un mes?

4. ¿Qué es lo que hace que para "NOMBRE DEL LEAD" sea esto algo importante y prioritario (a aumentar sus ingresos, vender High Ticket, expandir su negocio...) y no postergarlo?

(Bloque de Dolores)

5. A la hora de querer vender High Ticket, estructurar tu oferta, hacer cierres de venta, aumentar tu facturación, etc... ¿En qué sientes que fallas? ¿Cuáles son esos puntos en los que sos consciente de que no lo estás haciendo bien o de que te estás equivocando?

6. Okey, te entiendo. ¿Cómo te hace sentir esto? Es decir, cómo te hace sentir el hecho de que "DESCRIBES QUIÉN ES, SUS LOGROS, SU TRAYECTORIA" y sin embargo te ocurre que "DESCRIBES LOS PROBLEMAS QUE TE ACABA DE DECIR QUE TIENE"

(Bloque de Deseos)

7. Imagínate que ahora mismo tuvieses un superpoder, y pudieras con un chasquido de dedos cambiar algo de tu situación respecto a tus ventas, a tus finanzas, a tu economía o incluso pedir un deseo 100% ligado a la misma temática/área... ¿Qué cambiarías o qué deseo pedirías?

8. Okey, además de "NOMBRAR EL DESEO QUÉ TE PIDIÓ" ¿Qué otros objetivos, resultados y aprendizajes te gustaría lograr formándote con.......................... Augusto Bianchi en Five Stars?

9. Imagínate que las cosas salen tal cual las quieres y deseas... ¿Cómo te visualizas cuando egreses en .... , es decir, de acá a 6 meses, en cuanto a tus ingresos, tu negocio y tu vida en general?

(Bloque Puzle)

10. ¿Qué es lo que sientes que hasta este momento te ha impedido alcanzar los resultados que buscas? Es decir, ¿qué es lo que hasta este momento te frenó, limitó, impidió que logres "MENCIONAS VARIOS DE LOS OBJETIVOS QUÉ ANTERIORMENTE TE MENCIONÓ QUE QUIERE CONSEGUIR"?

11. Puente de epifanía + Así que, ¿cuáles son esos limitantes a nivel técnico/teórico y sobre todo, cuáles son esos limitantes a nivel de miedos y creencias limitantes que son los que justamente hacen que "NOMBRE DEL LEAD" a día de hoy no puedas conseguir los resultados que buscas, que deseas, y que me has estado comentando en esta llamada?

12. ¿Estás dispuesto a el día de hoy dar un paso al frente en post de convertirte en una persona que "MENCIONAR SUS OBJETIVOS PRINCIPALES"?

4.ENGANCHE TRANSICIONAL

13. Para Mentores/Infoproductores/Marcas Personales que desean "MENCIONAR SUS OBJETIVOS" existe ....

14. Ponte en el personaje del cliente exigente, ese bien detallista y cabrón y dime: ¿Qué más te esperas del programa? ¿Qué más te esperas de las clases, el contenido, la práctica, el acompañamiento, etc etc etc?

15. ¿Hay algún otro contenido, información o resultado que sí pudiéramos ASEGURARTE/GARANTIZARTE que lo logres, me digas "Estoy dentro de .... , empecemos hoy mismo"?

16. Okey perfecto, fíjate que en base a lo que me cuentas puedes generar resultados. Los objetivos que tienes son realizables, son posibles, y LOS VAMOS A LOGRAR, pero no de un día para otro.

5. PRESENTACIÓN

Pilar 1: Teórico-Técnico

¿Cómo te vas a sentir más seguro? ¿Con información y foco? ¿O quieres ir a la deriva y sin brújula? Aquí vamos a darte el arsenal más completo.

En Five Stars, donde formamos a closer High Ticket, decimos lo siguiente cuando se trata de presentar este pilar.

Aprenderás las 8 fases clave del proceso de cierre, incluyendo técnicas de cierres universales y específicos. Te entrenarás para interpretar el perfil psicológico de tus clientes, superar tus limitaciones mentales y elevar tu termostato financiero. También adquirirás estrategias avanzadas para cualificar en profundidad, dominarás la creación de urgencia tanto interna como externa, y sabrás cómo rebatir dudas racionales. Conocerás el método socrático, que permitirá que el cliente resuelva sus propias objeciones, y te enseñaremos a conectar con sus emociones para comunicar y cerrar la venta de manera efectiva.

Tienes que comprender las distinciones teóricas y metodológicas que te van a permitir "NOMBRAR OBJETIVOS". Para eso es que vas a tener el área de miembros llena de contenido, 3 clases en directo a la semana, espacio para preguntas y respuestas, ejemplos reales, etc etc etc. Ahora bien, solo con la teoría NO es suficiente. De nada te sirve saber todo esto si cuando tienes el cliente en frente te quedas en blanco, tartamudeas y no puedes avanzar (NOMBRAR PROBLEMAS QUÉ LOS LIMITAN). La información no sirve de nada si no tienes la Mentalidad Adecuada. Por eso tenemos el Pilar de...

Pilar 2: Mentalidad

No sirven de nada las herramientas si no tienes una mentalidad adecuada que las gestione. Por eso, el segundo pilar de Five Stars es el

MindSet, el trabajo interno, el poder cambiar los diferentes miedos y creencias que impiden que tengas los resultados que quieres. Esta no es una Mentoría de Motivación donde te dan dinámicas y ejercicios superficiales para que te sientas bien por un rato pero no generes un cambio perdurable. Nuestra intención es marcar un verdadero antes y después, que se cree un cambio interno en vos. Y para eso va a haber muchísimos ejercicios de Coaching, de Psicoterapia, de PNL, de escritura, de introspección, de toma de consciencia y sobre todo también el tercer pilar fundamental de la mentoría.

Según el servicio, tendrás que adecuar la explicación adecuada. Recuerda que debes ser personalizado. Puedes tener un guion, pero al lead sólo le interesan unas pocas piezas del puzle. Si te ha dicho que le cuesta vender más, enfócate en expresar que en el programa trabajarás el miedo a las ventas. ¡Hazlo personal!

Pilar 3: Ejecución

Pilar 3: El pilar 3 es la práctica, la ejecución: Siempre vas a aprender diferentes ejercicios y conceptos para que puedas implementar en tu proceso y en tu negocio y así ir avanzando. La ejecución es la que genera resultados y Augusto continuamente va a estar encima de ti apoyándote a que implementes todo lo que vas a ir aprendiendo con la intención de que generes resultados. Ya sabes, la única intención es que seas un caso de éxito y que esta no sea una formación más, sino que sea LA FORMACIÓN. Y, al final, si te fijas, todo es una fórmula. Necesitas la información correcta de los mentores correctos + el MindSet adecuado que se obtiene a través de los procesos internos de introspección + la ejecución, la toma de acción. Cuando combinas al mismo tiempo durante 180 días consecutivos y de forma acompañada INFORMACIÓN + INTROSPECCIÓN + TOMA DE ACCIÓN obtienes como resultado TRANSFORMACIÓN. Y eso es lo que queremos para tu negocio y para tu vida, esa es nuestra visión y por eso Five Stars contiene todo lo que contiene, y dura todo lo que dura.

Por eso, yo siempre digo que al final es tener la información correcta de los mentores correctos, vivir el proceso de introspección adecuado y vivir la práctica, la ejecución. Y eso unido crea la transformación.

Y esta es la visión de esta mentoría, así que, de lo que escuchaste hasta acá, ¿te gusta la mentoría?

17. Así que "NOMBRE DE LEAD" de lo que escuchaste hasta acá respecto a .... ¿Te gusta?

18. ¿Sientes que conecta contigo y con lo que estás buscando hacer a día de hoy?

19. ¿Tienes algún tipo de duda, pregunta o consulta respecto a la Mentoría que quieras hacerme ANTES DE pasar a la parte de inscripciones, pagos y todo lo demás?

20. Perfecto, te mencione que hay 3 paquetes (10.000usd, 5000usd y 3000usd)

–Todo lo que te mencione hasta acá ya viene incluido en el paquete estándar, en el de 3000, si te interesan los demás y los ves viables económicamente te comento que es lo que tienen, y si no, comenzamos directamente por el paquete estándar, como tú me digas. Así que, ¿cómo te queda?

En el caso de que vendieras un único paquete, la pregunta sería más sencilla:

–Perfecto, como sabes, ... vale 3000 dólares. Si pagas acá en llamada, el paquete queda en 2500. ¿Cómo te queda en pagarlo?

¡AHORA NEGOCIA OBJECIONES Y CIERRA!

TERCERA PARTE

LOS SECRETOS DE BRUJO QUE TE CONVERTIRÁN EN EL LIONEL MESSI DEL CLOSING DE VENTAS HIGH TICKET

Los secretos de brujo que vas a leer son producto de un estudio detallado y obsesivo de miles de llamadas de venta tanto personales como de mis alumnos a lo largo del mundo. Es loco que puedas leer esto y aprenderlo en un instante. No tienes que reinventar la rueda, así como tampoco tienes que pasar por errores innecesarios. Este estudio te ofrece una ventaja al proporcionar estrategias comprobadas que te permitirán mejorar tus habilidades de venta de manera efectiva y eficiente.

Algún alumno ha descrito esto que vas a leer como si fuera un pergamino mágico que te convierte en un maestro al instante, sin tener que pasar años mezclando pociones explosivas ni recitando hechizos que terminan en desastre. No necesitas inventar nuevos hechizos ni transformarte accidentalmente en rana. Aquí tienes la guía mágica para convertirte en un hechicero de ventas sin sufrir los desastres encantados que ya hemos superado.

Amiguismo vs Autoridad: deja de ser un pussy agradador

Una de las creencias más extendidas a la hora de la venta es pensar que si te haces amigo del lead... ¡te comprará! Sin embargo, y si has llegado a esta altura del libro, sabes que la gente sólo compra a alguien con autoridad. Piénsalo, ¿cuántos amigos tuyos realizan cursos o venden productos? Y ahora, pregúntate: ¿les compras algo? La respuesta por lo general es negativa.

Acéptalo: los amigos no te compran. Y no, no estoy diciendo que seas un jodido antipático, pero sí estoy diciendo que muestres autoridad. Las cosas son como son, son tus normas, es tu marco. Eso es mostrar tus cartas de juego, si las acepta, podréis ser amigos... pero no demasiado. En mi opinión, el porcentaje debe quedar en torno al 80% de autoridad y el 20% de amiguismo.

| 80% | 20% |

Muchos de mis alumnos se sorprenden cuando les muestro esto, pero también hay un ligero entendimiento: ahora sé por qué no vendo. No compras a nadie que no respetes. Nadie es profeta en su tierra, dice la Biblia, y nadie compra a sus amigos, digo yo. A menudo, nuestros amigos y familiares nos conocen tan bien que no valoran nuestro conocimiento o productos como lo harían extraños que nos ven con ojos nuevos y sin prejuicios. Por eso, vender a los conocidos es más difícil que vender a desconocidos.

Además, te aseguro que no quieres vender a amigos. Ellos te piden más tiempo, más cuotas, más favores, más descuentos… ¿Te suena? Y, si lo piensas, el lead tratará de hacerse tu amigo en la llamada. A veces es sutil, otras evidente. Si no estás atento, sacarás un nuevo amigo de la llamada, pero no una venta. Te lo aseguro.

–Son 2000 dólares.

–Dale, ¿a qué precio me lo puedes dejar? Sé que me puedes ayudar a que salga un poquito menos. Yo soy de palabra, confía. O bueno mira, diez plazos de 200. Venga, sé que puedes. ¿Somos amigos, no? Dame solo una semana. Déjame entrar a 2000 y no a 3000. ¡Venga!

Vosotros, agradadores en serie, convertiros en el portero de discoteca que se reserva el derecho de admisión. Si tienes que gritar una verdad incómoda, la gritas.

¿Aportar valor masivo? ¡No seas imbécil!

Dar es dar. Ahora bien, ¿desde dónde estás dando? Hemos dicho que todo lo que haces reafirma abundancia o escasez. He visto cómo muchas personas complacientes han dedicado su vida a "dar" para luego sentirse víctimas y decir la famosa frase: *"Mira todo lo que he hecho por ti, hermano, por vos me muero".*

¿Cuántas veces has dicho o pensado esto acerca de alguien? No tienes que responderme, pero en el fondo sabes que no podrías contar las veces en que das con el único fin de generar una deuda. En el que das únicamente para ser querido, validado o respetado. Pero, ocurre una cosa. Llámalo energía, pero la gente inconscientemente sabe perfectamente desde qué lugar presentas tu servicio.

Y tú también lo sabes.

Bien, ahora llevemos este principio un poco más profundo, ¿sí? Cuando das todo ese valor masivo a las personas, lo único que estás haciendo es tapar lo poco valioso que te sientes, por eso te ves en la "obligación" de enseñar todo lo que tiene tu producto estrella.

Sí. Das valor masivo porque crees, consciente o inconsciente, que tu programa no tiene valor.

"Si doy mucho, la gente pensará que sé mucho, y así me comprarán". Y el lead comprende esta sobrecompensación*. Es justo por eso que el lead no te compra, no quiere tu herida de inferioridad. Y sí, sé que en el Zoom le estás mostrando tu Rolex de 80.000 dólares, pero él lo sabe. No te comprará tu sobrecompensación.

No tienes que dar un montón para demostrar que eres valioso. No tienes que demostrar que eres bueno.

¿Todo bien? Ya sabes que si das para demostrar, no estás dando. Y, al final, tu tasa de éxito bajará, aunque el 99% de las personas ahí fuera crea lo contrario.

[*La sobrecompensación es un mecanismo de defensa que consiste en exagerar un aspecto determinado de la persona con el objetivo de ocultar, distraer o minimizar una característica real o imaginaria que nos avergüenza y nos hace sentir inferiores.]

Pero hay más. ¿Cómo puedes ayudar al lead de la mejor forma? ¡Convirtiéndolo en cliente! Si te fijas, y sé que lo has vivido, a veces se ofrece tanto valor que te dicen:

Mira, me diste mucho valor, demasiado. Déjame aplicar este mes lo aprendido, y si me va bien, en un mes te llamo para entrar. Te felicito, sos un genio.

He preparado cientos de órdenes de la CIA, y aún no han podido encontrar a esos leads que recibieron tanto valor. Y sé que lo estás pensando, ¿cómo es posible ser tan egoísta? Bueno, creo que puedo ayudarte más si te vendo. ¿Qué es mejor? ¿Una o diez sesiones? ¿Cómo puedo ayudarte más? ¿Dónde está el acompañamiento? ¿Y las mentorías 1:1? ¿Y el sistema?

Cuando comprendí esto, que parece contraintuitivo, mi tasa de cierre se disparó. El momento de conciencia fue como: *me chupa los dos huevos, estuve una hora y media enseñando cosas a este cabrón y se fue. Se acabó.*

Imagínate que tienes un hijo de cinco o seis años que no sabe usar el cuchillo. Tú, en tu valor masivo, le cortas la comida día tras día. Pero un día comprendes y ves que no es sostenible. A este paso, piensas, a los veinte años seguirá necesitando que le corte la comida. El primer día que no le cortas la comida te odiará. El segundo también. Pero, eventualmente, aprenderá a usarlo y no te necesitará.

No aportar valor masivo puede servir al bien superior. ¿Por qué? Porque una sesión no genera resultados. Si entras, accederás a un entorno o ecosistema que facilitará esa transformación.

Y, por último, lo resumiré en esta frase:

Enseña los qué`s, pero no los cómo's

Qué vas a hacer. Qué vas a lograr. Pero no el cómo, que está dentro del programa. Saca los dolores, entiende sus deseos y explícale cómo le vas a ayudar. Pero no le ayudes en la llamada, si no en el programa, donde tendrá el ecosistema adecuado para generar la transformación.

Si mi único propósito para viajar a España es probar el jamón serrano, y mi tío me lo envía por correo, es posible que ya no desee viajar. Si le das el jamón a tu lead, no será tu cliente.

Pondré un ejemplo: si un lead me dice que tiene miedo a generar conversaciones en el día a día, lo cual hace que pierda oportunidades, le hablaré de los tres pilares que harán que ese miedo se extinga. No le voy a dar el cómo (las herramientas) en la llamada, porque sé que en un proceso puedo ayudarte más. En una hora de llamada podría darte una herramienta, en un proceso de acompañamiento puedo darte cien. Por lo cual, me aseguraría de demostrar el lead que tengo el programa o servicio que necesita.

Tengo la información, las herramientas, pero también la mentalidad necesaria para llevarlas a cabo. Si te doy un arma (herramientas comunicativas) y no sabes usarla, no te estoy dando nada. Pero, si además, no tienes la mentalidad adecuada, es imposible que la uses correctamente. Es como estudiar para un examen y quedarte en blanco. ¿De qué te servían las herramientas entonces? El primer pilar, la información y herramientas, es esencial. El segundo, la mentalidad, es confianza y seguridad. Y si a esto le sumamos la práctica (el tercer pilar) de la mano de ejercicios progresivos...

¿Qué le estoy dando? Nada, le muestro el qué, sus problemas. El cómo está dentro del programa. Lo has mencionado, pero con el fin de llevarlo al ecosistema (ellos mismos no pueden practicarlo). Es así la forma en que le ayudas.

Cállate la puta boca

Sólo leyendo el título deberían entenderlo. Si cuando revisas tus llamadas sólo te escuchas a ti, déjame decirte desde ya que eres un fracasado que está vendiendo el 20% de lo que podrías ganar si cerraras la **** boca.

Y sí, sé que este secreto de brujo parece contraintuitivo, pero es de los errores más comunes que se producen en el proceso de cierre. Para ser exacto, tú sólo hablarás en la parte de generación de química y en el seteo del marco. Todo eso no son más de dos minutos. También hablarás en la etapa de presentación de producto. El resto de la llamada... CÁLLATE LA **** BOCA.

La razón por la que hablas más que el lead es que le quieres convencer. Pero, y esto te lo puedes tatuar...

El lead te compra por sus propios motivos de compra. No por los tuyos.

Cuando escucho llamadas de alumnos que recién empiezan, observo como si fueran a un restaurante de carne argentina y estuvieran constantemente tratando de vender lo buena que es la entraña... pero aún no han descubierto que el lead es vegano.

Por eso no te compra. No te comprará por tus motivos, sino por los suyos. Y no sabrás sus motivos si no le dejas hablar.

La posesión de la palabra debe quedar en torno a un 70-30%.

Y no hay más que decir.

Cállate la puta boca (de vuelta)

Más allá de lo anterior, hay closers que emiten demasiados juicios. Este microdetalle rompe la química en la relación, y ahí te pierden el respeto. Es decir, el closer asume que el lead quiere algo que no desea.

–Así que estáis acá para estructurar mejor vuestra empresa, ¿verdad? –pregunta el closer.

–Sí.

–Y claro, quieres escalarla al millón anual, ¿verdad? –El closer bocón ya la está cagando–. Y luego quieres crecer más –La sigue cagando–. Y luego buscar un CEO. Y en un año salir de la operativa. Entiendo.

–No, nosotros aspiramos a una empresa minimalista. Subir precio sí, pero pocos clientes. Es una empresa familiar.

Y te quedas con cara de tonto. Y ellos piensan lo mismo. Recuerdo vender a un chico de 24 años una mentoría de seducción. Era un rubio de ojos azules y cuerpo escultural. Refachero. Su único objetivo era obtener confianza para declararse al amor de su infancia. Además, tenía valores bastante tradicionales y cristianos.

En el proceso de cierre, el mentor de la formación, que pasaba por ahí, se metió en la llamada para saludar, una práctica común para generar confianza. Cuando vio al joven, dijo:

–Oye, ¿pero tú te has visto? Métete ya en la mentoría y prepárate para llevártelas a todas.

La suposición lógica de este mentor era la misma que cualquiera habría pensado de un chico de 24 años. Lo que técnicamente sumaba, aquí restaba.

Por otro lado, guárdate tus juicios. Si tu lead te dice que estuvo en la marcha contra Milei, y vos estás a favor de Milei, ¿qué pasará? No juzgues. En una conversación no vas a cambiar su percepción acerca del mundo. Si emites tu juicio contrario en esa llamada, se acabó la venta.

Cállate la **** boca y véndele. Ya habrá tiempo, a lo largo del programa, para tratar de acercar posturas.

No respondas a tus propias preguntas

Este es un hack básico, y por ser tan básico es de los más avanzados que hay en el terreno de la psicología de las ventas. ¿Básico? ¿Avanzado? ¿Cómo se come eso, Augusto? Bien, básico porque, si preguntas algo a alguien y luego respondes a tu propia pregunta... ¿Para qué preguntas?

Ahora te estás riendo, ves el sinsentido. Pero esa pregunta tiene una respuesta mucho más profunda. Responder a tus propias preguntas significa que no soportas un silencio de cinco segundos. Y déjame decirte que, si no soportas el silencio, perderás tu marco de autoridad. Y si pierdes tu marco, lo pierdes todo.

Si le haces una pregunta al lead y la respondes pasa lo siguiente:

1.No sabes la respuesta del lead.

2.No sabes si lo que estás diciendo es cierto.

3.El lead sentirá que le estás manipulando.

–¿Es molesto ganar 5000 dólares en lugar de 15000, cierto? ¿Es algo que te frustra?

El lead no responde.

–Sí –respondes a tu propia pregunta por no soportar unos segundos de silencio–, es molesto porque podrías ganar 15 en lugar de 5. ¿Cierto?

No seas como la tía que te hace preguntas que ella misma se autorresponde. *¿Cómo estás, sobrino? ¡Te veo muy bien! Algo más gordo, pero bien.*

Cuando haces una pregunta, te callas la boca hasta que responda. Es así de fácil... y, por ello, es difícil para muchos. Cuando se descuelga un córner, el arquero tiene dos opciones: o sale a por la pelota o se queda en la portería. Lo que nunca puede hacer es ir a medias. ¿Se entiende? No hay punto medio. Espera la respuesta. No pierdas el marco. Que no te metan gol.

A las preguntas del lead se responde con preguntas

De los creadores de "no respondas a tus propias preguntas" llega el "responde a las preguntas del lead... con otras preguntas".

Sí, este hack también es un básico que muchos olvidan a lo largo de sus llamadas. ¿Por qué? Porque parece extraño responder con preguntas. Pero, en realidad, no tienes otra opción si quieres romper tu mediocre tasa de cierre. No te enfades todavía, y dime si te ha ocurrido lo siguiente:

–¿*Pero me prometes que tendré resultados? –pregunta el lead con la duda razonable antes del pago.*

–*Sí –respondes.*

Y entonces el lead asiente mientras se lo piensa.

La conversación acaba ahí.

Y tu tasa de cierres sigue bajando.

–¿*Pero me prometes que tendré resultados? –pregunta el lead.*

–¿*Vos estás comprometido a hacer el proceso? ¿Estás comprometido a conectarte en las clases? ¿A mirar los módulos? ¿A estar en contacto con tu mentor? –le preguntas mientras esperas su afirmación–. Pues entonces es imposible que no tengas resultados. Lo tienes garantizado. ¿Cómo lo pagas?*

Pongamos otro ejemplo más común.

–¿*Tengo que pagar ahora en la llamada?*

–¿*Quieres tener resultados? –Te responde que sí–. Entonces hay que hacerlo ahora. ¿Cómo lo pagas?*

–¿*Tengo que pagar ahora en la llamada?*

–¿*Quieres pagarlo a 2500 o 3000? –En la presentación le has dicho que quienes se comprometan durante la llamada tendrán un descuento–. Entonces hay que hacerlo ahora. ¿Cómo lo pagas?*

Ahora seguro que lo entiendes a la perfección. Pero, ¿qué hay más profundo? Al final, lo que queremos evitar es caer en una posición muy incómoda. El que hace las preguntas es quien domina el marco, y si el lead te hace preguntas y tú respondes, eso se parecerá más a un interrogatorio que a un proceso de venta. Recuerda, no eres tú el que tiene que justificar lo bueno que es el servicio, sino es él quien debe cualificar para acceder a él. Esta, ya lo he explicado, es la diferencia entre ser un closer High Ticket y un closer corriente. Perdón, quise decir mediocre.

Si responde al lead a una pregunta, no parará. Por ello, si te pregunta, responde, pero termina con una pregunta. Como closer, es tu responsabilidad que la llamada avance, y no avanzará si el lead se convierte en una especie de entrevistador.

–Augusto, ¿me aseguras que con tu Academia Five Stars voy a vender más?

–Sí, hermano. Te aseguro que vas a vender más.

Y se hace el silencio. Ese silencio frío y pesado previo a otra pregunta que te alejará de la venta.

–Augusto, ¿me aseguras que con tu Academia Five Stars voy a vender más?

–Sí, hermano. Te aseguro que vas a vender más. ¿Hay alguna pregunta que tengas que hacerme antes de inscribirte y pagar?

¿Viste eso? Tus preguntas hacen que la conversación se mantenga viva. Mínimo recibirás una respuesta. Si no haces preguntas, el silencio de misa matará la venta. Échale leña al fuego, que no se apague. Si te gusta una persona, vas. No esperes a que, por arte de magia, te invite a salir. Tienes que echarle leña al fuego. Si te quedas esperando, el resultado no depende de ti.

Es una forma de perder el marco. Responder a las preguntas del lead te arrinconará contra la esquina del ring, y desde ahí sólo te defiendes y pierdes el combate. Llévalo al centro.

Responde con preguntas. Di un sí, o un no, pero en forma de pregunta. Y acaba con otra pregunta, mantén vivo el fuego. Es tu marco; es tu responsabilidad.

–¿El programa tiene garantía? –pregunta el lead.

–Sí –respondes perdiendo el marco.

–¿Y qué pasa si no me funciona?

–Hay garantía.

–¿Y cómo es eso?

–Está en el contrato.

–¿Y el contrato de dónde es? ¿Es legal?

–Esto es una empresa. Estamos obligados.

–¿Y dónde está eso?

Y pierdes la venta por estar contra las cuerdas. No te defiendas, esto no es un interrogatorio. ¡Eres inocente!

–¿Se puede pagar en cuotas?

–Sí. Una cuota de 3000. Dos de 15000. Tres de 1000. Cuatro de 750. Doce de 250....

No tengo que decirte lo molesto recordar cada mes durante un año al lead que tiene que pagar la cuota, ni lo que significa darle doce meses para no pagarte. El porcentaje de morosidad es altísimo.

–¿Se puede pagar en cuotas?

–Depende. La gran mayoría de nuestros alumnos abona el programa en una sola cuota. Ahora bien, no te voy a mentir, algunos lo hacen en cuotas. ¿De qué depende el tema cuotas? De dos variables:

1.¿Cuánto es el dinero que tienes ahora para invertir? Este programa cuesta 3000, ¿cuánto de los 3000 tienes ahora? Si me dices que tienes 2500, y en quince días tienes los otros 500, no hay problema, no soy tonto.

2.Ahora bien, si me dices que tienes 100 dólares y vas a pagarme 100 dólares durante los próximos treinta meses, obviamente que no. Así que la pregunta es: ¿cuánto tienes ahora? ¿Y cuánto tiempo necesitas para conseguir el resto?

Aquí metemos una pregunta condicionada que hará que el lead responda con lo mejor que tiene. Es como si, de alguna forma, esperara tu aprobación. El pensará: lo máximo que tengo ahora es x, ¿alcanza?

–Tengo 2200. ¿Te sirve?

–Bien, tienes 2200. Te faltan 800. ¿Cuándo podrías juntar esos 800?

–En quince días. Máximo un mes.

–Bien, hoy estamos a 1 de mayo. ¿Quieres decir que como máximo lo tienes para el 1 de junio? –Soy yo el que decide lo que funciona y lo que no funciona. No todo vale.

–Sí, e incluso antes.

–Bien, estos 2200, ¿cómo vas a pagarlo?

A mayor nivel de pago, mayor nivel de compromiso. No la cagues respondiendo a preguntas estúpidas. Nunca recibí quejas de los alumnos que pagan el programa completo, sí de los que pagan en cuotas más pequeñas.

El que tiene el marco es quien tiene el último sí. ¿Cuánto tiempo necesitas? ¿Cómo lo pagarás? El último sí lo tengo yo. La pelota está sobre mi tejado. El closer dicta. Es el juez que decide si eres inocente o culpable. Los secretos de brujo nunca fueron tan fáciles.

Por eso son secretos.

Qué hacer con las evasivas...

Seamos claros, la venta, como el tango, es un juego de dos. Si el lead no coopera es imposible avanzar en el proceso de venta. Es así de sencillo. Por ello, nuestra tarea como closer es hacer que la llamada avance, y hacerlo en excelencia.

Para empezar, si el lead te contesta con evasivas, puede ser que no crea que tengas el valor suficiente, es decir, no cree que le puedas ayudar. Te dirá lo guapo que eres, lo listo e interesante... y luego te dará la razón un rato más, pero no te comprará. Ya sabes, es como cuando rompes con tu pareja y, en uno de esos asados familiares, de pronto aparece tu tía abuela borracha para darte consejos. En realidad, si lo piensas, tu tía abuela borracha ha vivido más que tú. Pero, siendo realistas, no la vas a tomar en serio, ni aunque te retenga durante dos horas en la cocina.

Así que, ¿cómo desactivar la bomba de las evasivas?

1.Genera un contexto adecuado: Esto tiene que ver con tu set up, con tu imagen y tu puntualidad. Eso se da por hecho y, sin embargo, cientos de closers se presentan con fondos de mierda, con una imagen de mierda y a deshora. No sé por qué motivo se extrañan de que su tasa de cierre no supere el 30%.

Por otro lado, es importante setear el marco. A tu tía abuela borracha no la escuchas, pero a tu gestor experto en fiscalidad sí.

Y, desde luego, que tu lenguaje sea el adecuado. Habla con propiedad. Demuéstrale que eres un experto.

Esto que he dicho puede resumirse en:

>   *Como te ven te tratan, si te ven mal te maltratan.*

2.Repreguntar. Aprendí este concepto en la carrera de psicología. Y esto se da debido a que hay gente que va a las terapias por obligación. Piensa en ese niño malcriado que se sienta frente a un psicólogo para contarle sus mierdas. ¿Crees que el niño ha pedido eso? Seguramente los padres le hayan obligado a ir. El niño quiere jugar, salir, divertirse. No comprende que su cooperación es importante.

Por todo esto, cuando preguntas a un lead de este tipo, te responderá con evasivas, es decir, no responderá a la pregunta. Le preguntarás qué está haciendo ahí, y él te dirá que vio un anuncio y le dio al enlace. Bien, tu trabajo es reconducir a la pregunta inicial. ¿Por qué? Porque las evasivas son las defensas que el ego coloca para no sentirse vulnerable, para protegerse, para no conectar.

–A ver, Juanito, te salen cientos de anuncios todos los días, y no pinchas en todos ellos, ¿verdad? Así que imagino que en este anuncio viste algo.

–Bueno, me interesa el tema de tener pareja...

Al final, tienes que sacar el jugo de cada respuesta, ¿y qué más? Cuanta más conexión, cuántos más dolores y deseos tengas, más fácil será la venta. Aquí funciona muy bien emplear el puente de epifanía que describí en la cualificación. (Tony Robbins nos habla de dos tipos de limitantes; los teóricos-técnicos y los internos... En tu caso, ¿cuáles son los limitantes técnicos? ¿Y los internos?)

No avances hasta que obtengas la respuesta. No existe 3 sin 2. El orden importa. Si te hace una evasiva a la pregunta 2, no esperes que te responda que sí cuando digas el precio del producto.

3.La mano de Luis Suárez: Los uruguayos amarán esta sección, los ghaneses no tanto.

En el dramático enfrentamiento de los cuartos de final de la Copa del Mundo 2010, Uruguay y Ghana se encontraban empatados 1-1 en la prórroga cuando Luis Suárez, en un acto desesperado, bloqueó con las manos un gol casi seguro de Ghana en el último minuto. Fue expulsado y Ghana tuvo la oportunidad de ganar con un penalti, pero Asamoah Gyan falló, estrellando el balón en el travesaño. En la tanda de penaltis subsiguiente, Uruguay se impuso, avanzando a las semifinales, mientras Ghana y todo un continente vieron desvanecerse su sueño.

Lo de Luis Suárez fue una acción de último recurso, así como el hachazo de Valverde a Morata en la final de la Supercopa española. Cuando el juego bonito no dé sus frutos, usa esto.

Recuerdo una llamada con un español que era militar (en el código QR tienes la llamada). Me dijo que su objetivo era hacer que le despidieran con el fin de cobrar el subsidio del gobierno. Y ya ahí empezaría a tener tiempo para "aprender" y mejorar como persona. Esa era su excusa para no comprar el servicio que le ofrecía.

—*¿No te parece asqueroso?* —*Le dije sin remordimientos. El lead se quedó boquiabierto. No esperaba eso*—. *Eres una escoria. ¿Tu mentalidad con 23 años es cobrar una pensión del gobierno? Un hombre joven y con energía desperdiciando su vida por una mísera pensión... ¿No te da pena?*

Fui duro, y usé el último recurso que tenía. Al final compró. Por supuesto, la experiencia te dirá el grado de dureza que puedas emplear. En ocasiones, no necesitas ser duro, pero sí firme:

—*La intención de esta llamada es saber si puedo ayudarte, pero para eso tengo que conocerte bien. Además, solo me interesan los casos de éxito, así que necesito que me respondas de forma honesta y sincera, sé que a veces es difícil, pero es importante para discernir si puedo ayudarte. ¿Puedes hacer eso?*

... y los monosílabos

Aquí el lead no te está evadiendo, pero tampoco es que esté cooperando en las respuestas... o sí. Por mi experiencia, hay personas que no tienen sangre. Y, por ello, se han acostumbrado a dar respuestas cortas y concisas. Tu trabajo es hacer que se extiendan más, ya que necesitas respuestas específicas, solo así podrás rebatir sus objeciones cuando salgan en el momento del cierre. ¿Cómo puedes hacer eso?

—Sí, no, sí, no. Sí, no... —repite el lead con su energía de mierda.

—¿Algo más que puedas decir al respecto?

—Sí. No. Sí. No.

Si la dinámica continúa...

—¿Estás bien? Noto que respondes medio apagadito, ¿te sientes bien o siempre eres así? No te veo conectado, como sin energía.

Lo normal es que le saques una sonrisa. Le estás diciendo lo mismo que le dice todo el mundo, pero tú no eres su madre, sino un consultor experto.

También podemos ser más duros y carismáticos.

—Ya veo la razón por la que no tienes citas hace siete años. Si a mí me pagan por escucharte y me aburres, imagínate a una chica que salga contigo. ¡La matas del aburrimiento!

—Ya veo la razón por la que no vendes nada. La venta es energía...

Puedes emplear todos los argumentos que quieras, pero hazlo con gracia. Al final es que vean que es evidente que necesitan de tu ayuda y servicio, pero también su cooperación.

Respuesta de peso vs paja

Lo repetiré las veces que sean necesarias, y aún serán pocas. Las respuestas paja no pondrán dinero en tu bolsillo. Las respuestas paja no ayudarán a tu lead. Las respuestas paja son las respuestas poco específicas.

¿Qué le duele?

¿Qué quiere conseguir?

¿Qué le ha detenido para lograrlo?

¿Qué hace que esté en esa llamada de consultoría?

Si no puedes conseguir respuestas a estas preguntas, tu tasa de cierre hablará por ti. Cuando alguien quiere ingresar en mi academia, le pregunto qué es lo que quiere de muchas formas distintas. Si sus respuestas son: ganar dinero, mejorar en ventas... Me saltan las alarmas. ¿Cuánto es más dinero? ¿Cuántas más ventas? ¿Qué tasa de cierres quieres?

Imagínate si Usain Bolt hubiera tenido como objetivo bajar sus marcas en los cien metros lisos. ¿Ya lo imaginaste? ¡Bien! Si él hubiera cometido ese error, no sabrías quién es Usain Bolt.

Más bien, él fijó su vista en algo específico: quiero bajar los 9,74 segundos de Asafa Powell. Esa especificidad le hizo conseguir sus 9,68" primero y sus 9,58 después.

Así de específico debe ser tu lead. Concreto. Trazable. Medible. Lo "mejor"; lo "más" no puede medirse.

–¿Qué buscas en esta consultoría?

–Ganar más dinero.

–¿Vas a invertir 2000 dólares para ganar un céntimo más? Eso sería más dinero, pero no creo que estés acá para ganar un céntimo más, ¿verdad? El 90% de la mente es inconsciente, y esta mente no entiende lo intangible. Al revés. Sólo entiende lo lineal, lo concreto, lo medible. Si ganas 1 céntimo más, para tu mente lograste el objetivo.

Con las respuestas pajas no se toma acción; con las respuestas de peso se puede vender todo el oro del mundo.

Lo diré de otro modo. Sin dolores específicos no hay venta, ya que la venta es una decisión, y toda decisión busca dos cosas: acercarse al placer y huir del dolor.

No dejes que el ego actúe, pues siempre tenderá a no decidir, a no salir de la zona de confort, a escaparse con evasivas.

Cuando tienes un servicio a un precio, el lead sabe perfectamente lo que puede hacer con ese dinero. Si, por ejemplo, tu servicio vale 3000 dólares, el lead puede pensar que con eso pagará el alquiler de algunos meses, o ese curso que prometió a un closer que haría (y que no hará).

¿Qué hará que se decante por invertir en tu servicio? Las respuestas de peso que consigas sonsacarle. Y eso son sus dolores, sus deseos. ¿Qué vehículo eliminará su pesado sufrimiento? ¡Tu servicio!

Observa esta imagen (la ha dibujado el hijo de un buen amigo).

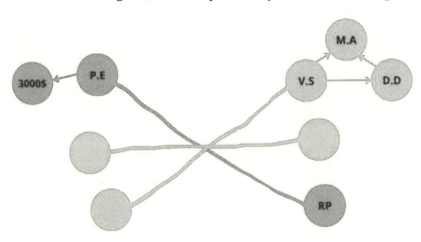

P.E (Precio Económico) = 3000€

V.S (Valor Subjetivo) = **D.D** (Dolores y Deseos del lead)

M.A (Motivos para accionar)

R.P (Razones de peso)

Tienes que centrarte en el valor subjetivo, y si recibes respuestas pajas, no tendrán el peso suficiente para que el lead se decida por comprarte. O, lo que es lo mismo, los 3000 dólares pesarán más que sus deseos y dolores. Los motivos para accionar no serán suficientes... Ahora bien, si el closer hace su trabajo: *quiero ganar 3000 dólares extras al mes para jubilar a mis padres y darles una nueva casa, además de ofrecerle una mejor educación a mis hijos.*

Es ahí cuando entran las razones de peso, y cuando le añades mucho peso, entonces la balanza se inclina a tu favor.

Y sí, no quiero mentirte. La imagen la dibujé yo. Lo siento, no se me da bien pintar, pero sí vender.

¿Te vas a conformar con eso?

El título lo explica todo. Pero supongo que hay que llenar las páginas de este libro, no te estoy diciendo algo nuevo. Has escuchado mil veces eso acerca de elevar estándares, de rodearte de gente más lista, más rica, más, más, más. Entrar en esos círculos es fácil. si quieres. Y, si quieres, ganarás más.

En más de una ocasión, he pagado formaciones de varios miles de dólares sólo por la oportunidad de rodearme de contextos y entornos poderosos. En realidad, cuando compras un curso, estás comprando entorno y energía. Una de mis mayores inversiones, superior a los 15 mil dólares, no me dio rédito hasta después de un año Y me seguirá dando rédito. ¿Cómo lo hice?

Pagando el precio de un nuevo entorno. Mi meta era closear para un conocido formador internacional que facturaba varios millones al año, así que decidí entrar en su formación y que me conociera. Aunque en principio pasé desapercibido (yo era el más tonto de la sala), con el paso del tiempo fui conociendo a sus padres, a quienes compré otro servicio de empresa. Ellos habían seguido mi trayectoria, y le instaban a su hijo que me contratara. ¿Qué hice yo para convencerlos? Nada, simplemente estaba en el entorno adecuado.

Te contaré más. Hoy en día, he cerrado un trato con este empresario que me va a generar en los próximos años cientos de miles de dólares, debido al acceso de clientes que, por supuesto, no tienen como objeción el dinero. Pero, al final del día, no es el dinero, sino la autoridad de estar junto el paraguas de este conocido empresario. Y, por último y más importante, mis alumnos podrán acceder a empresas de más valor.

Yo pagué una cifra alta por estar en ese entorno, y no fue hasta tres años que eso se "rentabilizó". No tienes que esperar tres años, pero sí tienes que subir los estándares. Tienes que pasar de niño a adulto.

Cuando pagas por algo estás diciendo que te lo mereces. Que puedes generar más recursos para sostener esa nueva energía. Cuando te lo niegas, te niegas todo el aprendizaje y la oportunidad.

Si estás leyendo este libro pirateado, pregúntate qué te estás subcomunicando. ¿Ya? ¡Tienes el dinero suficiente para comprar este libro! Sin embargo, te estás diciendo que no te lo mereces, que no puedes generarlo. Eso te afectará en cada área de tu vida, y lo sabes. Entonces, ¿a qué estás esperando?

Trata de ser el más tonto de la sala. Cuando me uní a la formación, todos los empresarios hacían varios millones al año, tenían muchos más conocimientos que yo y eso se traducía en confianza. ¿Qué hice? ¡Aprendí! Estaba obligado a elevar mis estándares, y no podía hacerlo en el lugar donde nací.

Te contaré otro dato: cerca del 78% de la población mundial muere a no más de 14 kilómetros de donde nació. ¿Qué significa esto? Que la gente no elige elevar sus estándares. Si has leído al Dr. David R Hawkins, quién ideó la evolución del mapa de conciencia, sabrás que la gente no sube más de cinco puntos su nivel de conciencia. ¿Qué significa esto? Que la gente nace y muere con los mismos pensamientos y percepciones acerca del dinero, de las relaciones, de los negocios, de la salud... ¿Me sigues?

En tu mano está aprender.

No sirve de nada que seas el más listo entre los tontos. Más bien, aprende a estar cómodo siendo el más tonto entre los listos, y te elevarás más de lo que jamás podrías imaginar.

Si este libro te está aportando, hazle una foto al párrafo que más te haya hecho reflexionar y compártelo con el mundo. Si me etiquetas, estaré contento de compartirlo también.

Las malas rachas

No voy a mentirte. Las temporadas malas de Messi son de 50 goles. No hubo ni un solo año que no fuera el mejor (y si eres argentino lo sabes). En mi vida, he normalizado cierta tasa y éxito, así como me sería imposible fallar en seis llamadas seguidas. Es por eso que quiero que no solo leas, sino que apliques los conocimientos de este libro.

Pero seamos sinceros, las malas rachas llegan. Si a Messi le han llegado, ¿qué nos hace pensar que estamos exentos? Sin embargo, vivimos tiempos donde la gente comprende que, a menudo, una mala racha proviene de un conflicto emocional. Cuando tuve malas rachas, no existían mentores de closers que te ayudaran a salir del bucle negativo. Me veía obligado a recurrir a coaches, psicólogos o, incluso, brujas.

Por eso en Five Stars tengo en nómina a una psiquiatra con dilatados años de experiencia, porque sé que, si se resuelve el conflicto emocional, desaparece la mala racha. Y eso es dinero que se ahorra la empresa, no por contratar a un especialista, sino por lo que deja de ganar por la ineficiencia del closer.

¿No me crees? Hagamos una cuenta de lo más sencilla. Si tienes una tasa de cierre cercana al 30% con 6 llamadas al día, eso quiere decir que normalmente cerrarás 2 ventas. ¿Hasta acá bien? Vale, perfecto. Ahora imagina que el closer entra en una mala racha por varios motivos, y baja su tasa a 1 venta diaria. Eso significa que a la semana la empresa perderá 5 ventas. Ahora imagina que esto se prolonga durante un mes. Y por último, pongamos que el servicio que vendes cuesta 2500 dólares.

¿Hiciste la cuenta? Sí, te pregunto a ti, empresario. Estás perdiendo 12500 dólares a la semana. Lo que hace unos 50000 dólares al mes.

¿Y sigues pensando que contratar a un mentor o profesional es caro?

Por mi experiencia, el secreto de brujo para salir de las malas rachas pasa por identificar qué narices está pasando. Sí, así de fácil. Si no examinas el conflicto tal como es, te perderás en la depresión o ansiedad.

Aquí te dejo los motivos por las que un closer entra en una mala racha:

1. Conflicto personal (ruptura, presión, autoexigencia...).

2. Problema con la empresa: Esto puede ser debido a que la empresa pague las comisiones a destiempo, que no valora al closer, que le dé trabajo extra que no le corresponde por sus funciones, fallos en el equipo de marketing...

3. Desconfianza del producto: Si el closer no confía en el producto, es poco probable que tenga una tasa alta de cierre. ¿El producto cumple lo que promete? ¿Cuál es la tasa de cierre? ¿Cuáles son las razones por las cuales el closer no conecta?

4. Errores técnicos: Robos de marco, justificar o responder las propias preguntas... Este error es un reflejo de los anteriores, ya que si el closer no siente confianza con el producto, es probable que, consciente o inconscientemente, pierda autoridad con el fin de que el lead no le termine comprando.

Estos cuatro puntos los vas a poder ver reflejados en las siguientes historias. En mi trayectoria, he vivido varios períodos que puedo denominar como mala racha. Voy a contarte la manera en que salí de ellas con éxito (con la ayuda de brujas incluida).

Mi primer período ocurrió cuando cambié mi set de trabajo por otro en mi estancia en Cancún. Como esa habitación estaba destinada a grabar vídeos de YouTube para otros creadores de contenido, estaba totalmente pintada de negro. Descubrí que, allí, no cerré por toda una semana. ¿Qué hice? Apliqué la psicomagia de Jorodowsky. ¿Cómo dices, Augusto? Estoy seguro que has presenciado cómo en ciertos eventos de desarrollo personal, uno rompe un bloque de cemento, se clava una aguja en la mano, o quema una hoja escrita, y eso simboliza la ruptura con una creencia que, hasta entonces, lo había limitado.

Pues esto es lo mismo. ¿Qué hice yo? Cambiar de habitación. Lo mágico fue que, esa semana, había fallecido la abuela de mi primo, con la cual no tenía ninguna relación, pero que me había criado en mi más tierna infancia. Repito, yo no supe de su defunción hasta pasadas unas semanas, pero uniendo cabos, algo ocurrió en mí esa semana: un bloqueo que hizo que no cerrara. Todo esa energía tomaba forma en errores técnicos fácilmente evitables.

¿Qué estás haciendo tú para salir de tu mala racha? Es una pregunta simple, y por eso nadie se lo pregunta. Prefieren quejarse, no hacer nada, culpar a otros, a la empresa, a los leads, al tiempo, al sector... ¿Te suena?

Cambiar de habitación me sirvió, además de tomar varias sesiones de coaching con un profesional reconocido de España.

Cuando lo escribo ahora veo lo fácil que es pedir ayuda. ¿Por qué no lo haces? ¿A qué esperas? Tu mala racha no es "especial". Cientos de closers han pasado por eso mismo, y otros tanto lo han superado. Otros, incluso, pueden apoyarte en tu proceso de manera personalizada.

Mi segunda mala racha llegó después de un verano. En ese entonces, había estado perdidamente enamorado de una chica. Después de años deseándola, y conseguirlo, vi cómo se iba con un hombre más alto, más rico, más guapo, más influyente, más fitness... vamos, que era la encarnación de Ken (Barbie). Como te puedes imaginar, este hecho alimentó la herida de la insuficiencia y, como no podía ser de otra forma, se vio reflejado a nivel profesional.

Recuerdo llorar. Esto es curioso, pues había cerrado 10.900 dólares en comisiones para mí (80.000 para la empresa). En tres semanas había recibido 9000, y la última semana sólo facturé la diferencia. ¿Qué causó esta bajada? ¿Los leads? ¿La empresa? No, mi conflicto emocional. ¿Y qué hice? Pedir ayuda.

¿Dos mil dólares a la semana es una bajada? Sí, para mí sí. Messi mete dos goles por partido. Un delantero promedio mete uno por cada dos. Eso, a la larga, es una gran diferencia. Quiero que seas Messi, pero para ello tienes que abrirte a pedir ayuda. ¿Cuántas veces tengo que repetirlo? Las veces que sean necesarias.

Tu problema técnico es emocional. Luis Suárez es una de las mayores bestias goleadoras de los últimos tiempos. En la misma temporada que metía 40 goles en liga, pasaba 24 partidos fuera de casa sin meter goles en la Champions League. 24 partidos son cuatro años. ¿Cómo puede explicarse esto? ¿Cómo Suárez pasaba de ser un depredador en el Camp Nou a ser una hormiga en Stamford Bridge? Su problema no era técnico. Un closer High Ticket pide ayuda. Y un futbolista de alto rendimiento también.

Excepto Higuaín, que decía que no necesitaba pedir ayuda... y todos sabemos lo que pasó. Mientras disfrutaba de una carrera exitosa a nivel de clubes, su mala racha con la selección argentina en momentos cruciales de finales importantes marcó un punto doloroso en su carrera internacional... y para todos los argentinos. ¡Te queremos, Pipita! Pero te querríamos más si hubieras pedido ayuda. Eso también es verdad.

Otro período se dio cuando me echaron un mal de ojo. Si me conoces, soy alguien de lo más racional y práctico, y tal vez no me echaron un mal de ojo, pero el hecho es que me lo creí.

Lo que crees conforma tu realidad.
Si lo crees, lo creas.

En uno de mis viajes a Argentina, mantuve una relación con una chica que me robó una cadena de plata al no aceptar mi marcha a México. No lo confirmé hasta un tiempo después, pero la sospecha siempre estuvo en el aire. Al instante, mi tasa de cierre descendió abruptamente, al igual que mis interacciones sociales.

Cuando regresé a Argentina para el cumpleaños número 100 de mi abuela, pude ver de nuevo a la chica. ¿Por qué? No lo sé, quería comprobar si lo que pensaba era verdad. Todo esto después de que, de forma inexplicable, me cancelaran más de siete citas. Hay más. Ese mismo día recibí una llamada desde México de mi compañero de piso. En su voz se adivinaba un nerviosismo muy raro en él:

–Hermano, ¡no te lo vas a creer! Un enjambre de miles de moscas ha invadido la casa. ¡No puede salir de la habitación!

Esto pasó nada más levantarse. Y, según me comentó, sintió una energía densa y extraña. Cuando regresé a México, observé que en mi baño privado había un mechón de pelo negro en la tina. Nadie había entrado en ese baño en mi ausencia, y mucho menos una mujer. De nuevo, no tienes que creértelo, es más, ¡no te lo creas! Solo te digo lo que pasó. En todo ese mes, todas mis cierres se basaron en reservas, pero no recibí ningún pago del servicio completo.

¿Qué hice?

A estas alturas ya puedes imaginarlo... ¡Pedir ayuda!

Después del trabajo de dos brujas, y de un proceso de perdón con uno de mis compañeros de equipo, todo volvió a la normalidad.

¿Cómo sé que el trabajo funcionó?

Porque el mes siguiente cerré 33/34 llamadas. Después de 18 llamadas de bloqueo.

Ahora ríete de las brujas, yo también lo haría. Y, después de reírte, pide ayuda. Por supuesto, los escépticos diréis que los fallos fueron técnicos, y así era. Así que anoté mis fallos, pero también decidí ir a la creencia, a la emoción.

Acabaré este secreto de brujo con la historia de Federico, quien pasó de estar a punto de ser despedido a ser el mejor closer de una empresa. Digamos que era un perfil corriente y administrativo. Un español hecho y derecho. Su tasa de cierre era mala, debido a que no tenía ninguna expectativa, pero de alguna forma sumaba al equipo, ya que tenía una capacidad de organización grupal bastante buena.

Pero claro, todo tenía un límite, y estuvo un par de meses con una tasa de cierre cercana al 0%. El CEO de la empresa me contactó para hacerle un mentoring, ya que no quería despedirlo sin intentarlo todo. Un hombre sabio, y cosas como esta explican por qué ese empresario factura varios millones al año.

No tardé ni una sesión en identificar la razón de su pobre tasa de cierre. Federico estaba enfadado con la empresa por distintos procesos que habían cambiado, lo que había hecho que no se sintiera valorado por la empresa, además de que le habían añadido unas tareas extras y no renumeradas. Todo eso hacía que, en las llamadas, su actitud fuera demasiado blanda, como si de alguna manera no quisiera cerrar ninguna venta. Además, como se acababa de meter en una hipoteca, la presión que sentía fue en aumento.

Un closer en mala racha no gana dinero.

–No hay chance de que seas malo. Si sigues acá, es que eres muy bueno. Es más, eres mejor closer que el 90% del mundo. Y sí, acá tenemos a los mejores del mundo. Y estás entre ellos. Y mira, con sólo 29 años ya te has comprado una casa, además de estar casado con la mujer que amas. ¿No es impresionante? Además, aunque digas que la empresa no te valora, acaba de contratarme para ayudarte. ¿Sabes lo que cuesta una mentoría conmigo?

También observé que el perfil de Federico era de los que necesitaba cierta validación externa, así que, cada mañana antes de trabajar, me tomé la libertad de felicitarlo en público por sus cierres y organización.

Ese mes la rompió. Con un poco de reconocimiento.

Con un poco de ayuda.

La Venta Asumida

El ensayo y error me enseñó esta ley universal. Sin embargo, y esto es lo que tienen las leyes universales, esta ley siempre está operando, creamos en ella o no. La gravedad funciona siempre. Puedes contarte que si te tiras de un avión no caerás, pero a la gravedad no le importa lo que creas de ella.

No puedes negociar con el universo.

Cuando más certeza tengo, la tasa de cierre aumenta. Esta correlación se hizo evidente cuando más práctica obtenía. De hecho, de alguna manera que no puedo explicar, transmitía mi propio convencimiento a los leads, como cuando un entrenador confía que sus pupilos rindan en el campo. ¿No me crees? Pep Guardiola es el entrenador más laureado de todos los tiempos, y con total seguridad también es el mejor. Su secreto no es solamente su obsesivo conocimiento técnico, sino más bien todo lo que hay detrás. Guardiola muestra una fe absoluta en sus jugadores, y es por eso que anima a los jugadores a visualizarse superando sus expectativas y rendimiento habitual. Antes de la final de la Champions League 2009 contra el Manchester United, creó un vídeo con imágenes de la película Gladiator mezcladas con imágenes del equipo entrenando y jugando. Además, teatralizó eso con la banda sonora de la película "Nessun dorma" de la ópera Turandot de Giacomo Puccini.

¿Cuál era el mensaje que quería transmitir?

Que ya habían ganado. Que eran gladiadores recordados por la épica. Que el éxito era suyo. El sextete fue una consecuencia de esta confianza.

Tienes que ser Guardiola, tienes que transmitir al lead (ya cliente en tu cabeza) su grandeza.

Sigmund Freud se interesó por el poder de la superstición, y cómo esta puede cambiar la toma de decisiones de una persona. Freud no era tonto, y yo tampoco. Desde muy pequeño, experimenté el poder del enorme poder sanador de la mente. Algo que no cuento a menudo, es que mi abuela fue una reconocida curandera. La gente recorría miles de kilómetros para pedir algún tipo de remedio para sus dolores. En ese entonces, y os juro que es cierto, pensaba que mi abuela tenía superpoderes.

Hoy, sin embargo, lo veo de una forma algo distinta: mi abuela creía que podía curar. Y curaba. Los pacientes creían que podían ser curados, y se curaban.

¿Te imaginas llevar ese poder a cualquier cosa que hagas en la vida? Lo diré de un modo mucho más sencillo. Sólo necesitas dos pasos:

1. Que el curandero crea que pueda curar, ya sea por mediación suya o por la de un extraterrestre o maestro ascendido.

2. Que el paciente crea que pueda ser curado.

Mi abuela me curaba. Eso es un hecho. Y por eso sé el gran poder que tiene la superstición. Y por ello empecé a usarlo en la venta. Mi trabajo es convencerme a mí mismo de que mi servicio es el mejor, y gracias a esto transmitir eso mismo. De verdad creo que voy a ayudar a mis clientes. Mi llamada es el check in.

¿Cóóómo?

Cuando vas a subir a un avión, pasas por la ventanilla a facturar tu maleta y hacer el check in. En ese momento asumes que te subirás al avión. Es un trámite necesario, pero algo en ti ya se imaginó en ese asiento mullido.

Yo soy el trámite previo que permite a mis leads convertirse en clientes. Les reviso sus datos y la maleta, y luego les digo: sí, pueden acceder.

Asumir la venta tiene dos partes:

1. **Mindset Asumidor:** No veo chances de que el lead no se convierta en cliente. Va a entrar. Sí o sí. No es una posibilidad remota, ni siquiera cercana. Va a entrar. ¿Cómo? No lo sé, tengo las habilidades suficientes para hacerlo posible. Y sólo tengo que extraer los motivos de su acceso. Reconfirmar lo que yo ya sé. ¿Por qué iba a dudar? ¿No me respaldan los números? Esto no es un "a ver qué pasa". Esto es la autoridad de alguien que tiene certeza total. No es un simple juego. El balón es mío, y si no me llevo el balón me llevo el tobillo.

2. **Prohibido potenciales:** podría, sería, querría, tendría, quizá, es como si, tal vez, creo, instalaríamos...

–Esta es una plataforma que sería como una academia digital...

–Tu mentor sería como un coach...

–Te voy a dar un plan, una hoja de ruta, para que sigas el proceso que sería como tu guía.

–Si entras a la mentoría tendrías la posibilidad de tener un 1:1 con el mentor.

–Te instalaríamos un sistema de adquisición de clientes.

La venta es certeza. Prueba así:

–Esta es una plataforma que ES una academia digital...

–Tu mentor ES tu coach...

–Te voy a dar un plan, una hoja de ruta, para que sigas el proceso que ES tu guía.

–VAS A ENTRAR en la mentoría, y una vez dentro TENDRÁS la posibilidad de tener un 1:1 con el mentor

–Te VAMOS A INSTALAR un sistema de adquisición de clientes.

Si una aerolínea te dijera: tenemos una tasa de éxito del 95% ... ¿Qué harías?

No te montarías en el avión. Porque sin certeza, no hay nada. Ese 5% de los vuelos que se estrellan en el océano es más que suficiente para que te eches para atrás. Un High Ticket es un avión. Si vendieras una línea de teléfono a unos cuantos pesos, puedes tener una tasa de éxito del 80%. Pero no estás vendiendo una línea de teléfono.

La falta de certeza asesina a la venta.

El lenguaje habla de lo que piensas. Y si usas condicionales estás admitiendo tus dudas. Y esto es algo muy básico. Si jugaras en el Real Madrid tienes que saber tirar un córner. No hay chance de que juegues en un equipo de este calibre sin integrar lo básico.

El clavo y el martillo: adaptabilidad social y nivel de conciencia del lead

"Es tentador tratar todo como si fuera un clavo, si la única herramienta que tienes es un martillo"
Maslow

Si como closer eres siempre un martillo, con los clavos te irá bien, pero cuando te toque una tuerca o rosca no vas a poder vender.

Te tienes que adaptar al lead. Hay leads que invitan a que seas amoroso, y otros te invitarán a ser como un perro de presa. Con algunos leads llorarás de alegría, y a otros los confrontarás. Saber leer al lead te dirá qué herramienta usar. No puedes tratar a todos por igual, y si no estás de acuerdo mira tu tasa de cierre.

Si juego en el Bernabéu con la defensa adelantada, me meterán diez goles a la contra. Pero, si juego contra el Almería, ahí sí puedo adelantar la línea defensiva.

Por otro lado, me gusta ver la conciencia del lead según estos parámetros:

Nivel de Conciencia Lead	Responsabilidad	Inversión	Energía Masculina
Bajo	Todo es culpa de otro	Le cuesta invertir	Baja
Alto	Puedo mejorar	Invertir es la mejor opción	Alta

Si tu lead tiene un bajo nivel de conciencia, tendrás que adaptar tu estrategia. Para los que estamos acostumbrados a invertir en nosotros mismos, no tenemos la objeción del dinero tan instaurada, y por ello podemos tomar algo más de tiempo para decidirnos. Sin embargo, a un lead miedoso no puedes darle tiempo. O paga en la llamada o no volverá. Esto tiene relación con la cantidad de energía masculina que tenga, que es lo que nos da dirección y decisión. Otro aspecto importante es la visión de la responsabilidad, y es que un lead con bajo nivel de conciencia te dirá que lo que le ocurre es por el gobierno, su familia o la mala suerte. Por otro lado, un lead con conciencia alta toma responsabilidad y comprende que tiene la oportunidad de mejorar su vida.

Puedes ser mucho más que un simple martillo. Si sabes cómo.

Tu termostato financiero

Este secreto de brujo está dedicado a los closers que piratean los cursos. Por supuesto, estos no pueden ser, ni por asomo, closers High Ticket. Pagarlo te da un valor simbólico por el mero hecho de que es congruente. Ya hemos hablado de esto, y todavía hablaremos más.

Si la gente no tuviera miedo, no existirían los closers de ventas.

Es así. No tendríamos que inventar cierres extraños, así como tampoco tendríamos que sacar los dolores y los deseos. Sólo presentaríamos el servicio y compartiríamos el link de pago. Así de fácil.

Pero los leads son miedosos, y tú, que te haces llamar en tus redes sociales closer High Ticket, también tienes miedo. Si no pagas el precio, no esperes recibirlo. Hace poco, en un evento de gran importancia en Argentina, me encontré con closers que se reían de mí por comprar un libro en pdf acerca de cómo mejorar los procesos de cierre. Se reían, porque en las comunidades el mismo archivo pdf se entregaba gratis. Yo no les dije nada, pero supe que de alto valor tenían muy poco.

El problema, al final del día, es de tus estándares. Mi editor me dijo que su mentor había estado en una MasterMind de 35.000 dólares en Las Vegas con el mismísimo Alex Hormozi. El mentor, un empresario español que facturaba seis millones al año, percibió que cuando dijo lo que ganaba, se le preguntó muy en serio:

–*¿Six million per week or per month?*

Lo gracioso es que, al segundo día, las cifras pasaron de millones a billones (billions). Para ellos, los números 1, 2, 3... eran millones. Para otra persona, sería 1 dólar, 2 dólares, 3 dólares...

¿Viste eso? ¿Viste la diferencia que hay en los estándares? La única diferencia que existe no está en el dinero, sino en la mentalidad. Si quieres esperar a facturar millones para elevar tus estándares... sigue soñando. Definitivamente no pasará. El mundo no funciona así. Las causas están en la mente, no en lo que te ocurre.

La abundancia no tiene que ver con la plata.

Lo que comparto en los demás lo comparto en mí.

Lo que das, te lo estás dando.

En Five Stars, hacemos una MasterMind especial cada treinta y tres clases. Uno de los alumnos que acababa de entrar tenía una actitud frustrada, porque venía de otros programas sin ningún resultado. Al final, nos comentó:

–Si no consigo resultados en dos meses, me voy.

Yo me reí, porque sé que en dos meses le va a cambiar la vida. Pero, con esa mentalidad era evidente que poco se podía hacer.

–Sé que es fácil pensar en abundancia cuando la tenés, lo difícil es pensar en ella cuando no la generás –me dijo de nuevo.

–Brother, estás completamente equivocado. La abundancia no tiene nada que ver con la plata –respondí–. La abundancia es dar una buena imagen, es transmitir buena onda. ¿El problema es la plata o tu actitud mental? –Pedí el apoyo de la clase–. ¿Quiénes de acá contratarían a su compañero?

Nadie respondió. El trabajo de este closer era marcarse esto en la mente:

Lo que comparto con mi hermano, lo reafirmo en mí.

T. Harv Eker, en su libro *"Los secretos de la mente millonaria"*, introduce el concepto del "termostato financiero". Este concepto se refiere a la idea de que cada persona tiene un límite interno, una creencia subconsciente acerca de cuánto dinero puede ganar o merece ganar. Este límite es un producto de nuestras experiencias, creencias y condicionamientos previos relacionados con el dinero.

T. Harv. Eker sostiene que si tu mente está condicionada a creer que sólo puedes ganar una cantidad específica de dinero, no importa cuánto te esfuerces o qué estrategias implementes, tu subconsciente encontrará maneras de sabotearte para que no superes ese límite. Por ejemplo, si crees que tu límite es de doscientos dólares, incluso si en algún mes logras ganar trescientos, algo inesperado ocurrirá para que termines gastando ese dinero extra, manteniéndote en tu zona de confort financiera.

Atención a estos puntos:

•Creencias y Programación Financiera: Desde una edad temprana, nuestras creencias sobre el dinero se forman a partir de lo que escuchamos, vemos y experimentamos. Estas creencias se arraigan profundamente y afectan nuestras decisiones financieras.

•Autocontrol Financiero: Tal como un termostato regula la temperatura de una habitación, nuestra mente regula nuestra situación financiera para mantenernos en el nivel en el que nos sentimos cómodos, incluso si es inconscientemente.

•Sabotaje Inconsciente: Si nuestras creencias limitantes nos dicen que no merecemos más de cierta cantidad, tenderemos a sabotearnos. Esto puede manifestarse en malas decisiones de inversión, gastos inesperados o simplemente la incapacidad de aprovechar oportunidades que nos harían ganar más dinero.

Así que, dicho esto, ¿cómo cambio esto?

Aumenta tus estándares: si para ahorrar dinero lo que estás haciendo es reafirmar la escasez, ¿por qué no te pides el menú ejecutivo? Deja de ahorrar comiéndote ese arroz duro que tan poco te gusta. Tu mente te dirá que no puedes permitirte ese menú. Pero es justo al revés. Hazlo, y luego pregúntate: ¿cómo puedo generar más? La mente está diseñada para buscar soluciones. Pero tienes que abrirte.

Ahora mismo, no me permito falsificaciones. ¿Qué me estoy diciendo si compro perfumes de imitación? ¡Que no me lo merezco! El que prueba el caviar, no se conforma con cualquier pescado. Y no se basa en el glamour, sino en el merecimiento que tienes. Yo tuve que ir a España durante veintiocho días. Recuerdo que observé un nuevo mundo: se dejaban la puerta abierta de las casas; las personas sacaban del cajero cantidades que yo nunca había visto; muchachas pasaban solas y sin miedo a altas horas de la madrugada.

Cuando regresé a Quilmes, percibí que no podía continuar ahí. Merecía vivir en un sitio seguro donde no me tuviera que cambiar de acera, donde pudiera sacar el móvil para grabarme. ¿Qué hice? Decidí vivir en Palermo. Si no eres argentino, te diré que es una ciudad cara, pero eso no me impidió que la mente empezara a buscar soluciones. Por supuesto, las conseguí.

Me he gastado en formación más de 70 mil dólares, sin contar las innumerables sesiones de terapia. ¿Es mucho? Depende de tu estándar. Y los estándares van subiendo poco a poco. Mi "gran" casa en Palermo era sólo una habitación de la mansión en la que residía en Cancún.

¿Por qué iba a perder tiempo cocinando si puedo pagar para que me traigan la comida a casa? Fíjate que no tiene nada de malo cocinar, pero sinceramente ni cocino bien ni elijo perder el tiempo en ello. Prefiero usar el tiempo para descansar, cerrar llamadas o dar formación. Hay muchas personas que no se permiten esto por el mero hecho de ahorrarse unos cuantos dólares a la semana.

¿Por qué crees que no te lo mereces? ¿Por qué crees que no puedes pagarte un Uber para desplazarte? ¿Por qué no puedes comprarte esa camisa de 500 dólares? Es más, ¿por qué no puedes regalarla a unos amigos? ¿Piensas que no puedes generar ese dinero de vuelta? ¿Es eso verdad?

¡Eleva estándares!

Si no quieren prender la cámara...

A partir de acá, entramos en los secretos de brujo más específicos. Vamos a preguntarnos, ¿para qué el lead no querría prender la cámara? De momento he encontrado cuatro razones principales:

1. Es muy tímido.

2. Su fondo es un caos; le da vergüenza.

3. Le vale verga y no está comprometido.

4. Tiburones que quieren dominarte: quieren verte a ti, pero que tú a ellos no puedas.

Seamos claros, no venderás un producto High Ticket si no puedes mirarlo a los ojos. Así que, evidentemente, no es una opción realizar una llamada de venta con la cámara apagada. Si le fueras a vender internet o fibra, no pasaría nada. Pero no es el caso, ¿no?

En el 99% de los casos que entro en un Zoom y la cámara del lead está apagada, consigo que la encienda. ¿Cómo? Identificando la objeción que tiene y revolviéndola. Y lo hago, además, con carisma. Es así de sencillo.

–Hola, te escucho pero no te veo, ¿todo bien? ¿Puedes prender la cámara? Es muy importante que prendas la cámara. No te juzgaré si tu fondo es un caos o si tienes un grano o te salió acné. Me da absolutamente igual, pero sí quiero que la prendas para mirarte a los ojos. Ya sabes que la comunicación es un 90% no verbal. Los gestos y las miradas son importantes. Y la intención de esta llamada es conocerte, conectar, y en ese caso ver cómo te podemos ayudar con nuestros servicios. Así que, ¿puedes prender la cámara?

Si te fijas, una justificación racional de por qué debería prender la cámara es más que suficiente. Eres empático, entiendes la razón por la cual no la prende, pero justificas por qué no debería hacerlo. Es así de sencillo. Al final, si no prende la cámara, cierra la llamada. Ni le venderás ni podrás ayudarlo.

Ahora, si el lead rebate, que puede pasar, le pregunto:

–¿Qué te impide prender la cámara? Si te cuesta prender la cámara en un

Zoom... ¿cómo vas a...........................(mencionar los objetivos que crees que tiene)?

En el 99% de los casos encenderán la cámara. Es un hecho.

Las 13 red flags que indican que van a ghostearte (y cómo evitarlo)

El closer novato cree que ha cerrado una venta cuando le dan un besito en la mejilla. Por supuesto, no tarda en comprender que, en realidad, está muy lejos de terminar la partida. En nuestra profesión, nosotros quedamos con un lead en un parque a una hora determinada, y asistimos bien vestidos, con un ramo de flores que confirme la promesa del lead... y, sin embargo, no aparece nadie. Nos quedamos en el banco del parque preguntándonos qué hemos hecho mal. ¿No iba todo tan bien? ¿No hemos dedicado una hora de nuestra vida a ese lead? ¿Por qué no paraba de sonreírme? ¿Por qué me decía sí a todo? ¿Por qué desapareció? ¿Por qué no me contesta al Whatsapp? ¿Por qué me ha bloqueado? ¿Por qué, de pronto, el internet se le ha bloqueado en el momento del pago?

–Estoy comprometido. Voy a tomar acción. ¡Vamos a hacerlo! –me decían.

Como he dicho, soy completamente obsesivo. Siempre he amado la actitud de Guardiola o Marcelo Bielsa. Según dicen, son capaces de mirar los últimos treinta partidos del rival sin desfallecer. Cada dato cuenta, y por eso son entrenadores con tantos resultados. ¿Por qué nosotros debíamos ser diferentes? Cuando comprendí esto, me decidí no sólo a grabar mis llamadas, sino también a analizarlas. Quería comprender por qué un lead con el que yo creía que había química desaparecía en el momento del pago.

Así que encontré las 13 red flags para detectar a un cliente que hará un ghosteo (modo avión) o que prometerá pagar pero no lo hará.

Seré franco.

•Más de 7 red flags: ghosteo seguro.

•Entre 4 y 7 red flags: riesgo alto.

•Entre 1 y 4 red flags: riesgo medio.

¿Cómo sé que esto es real? Mira, si me compartes una de tus llamadas, antes de que termine sabré cómo acaba si veo o no esos indicadores. Es un algoritmo matemático perfecto. De hecho, la psicología cognitiva habla de distintos tipos de personalidad, y los leads ghosteadores tienden a adoptar lo que se llama conducta evitativa. Es decir, son esas personas que se preparan para un examen como nunca, pero luego no asisten a clase por miedo a suspender. Es como aquella persona que insiste en tener una cita durante meses, y el día que la consigue, huye. Los leads que hacen todo el proceso de la llamada y que, al momento de pagar, huyen.

Vamos con las 13 red flags:

1.*Generalmente responde a todo que sí.*

Y lo sabes. Nadie está de acuerdo en todo. El lead te está dando besos en la mejilla, pero no llegarás ni a la tercera base.

2.*Tiene metas demasiado ambiciosas respecto a su situación actual.*

Porque en realidad no quiere nada. O, más bien, no quiere comprometerse con nada real. Tampoco con la formación que le estás vendiendo. Es decir, está ganando 1000 euros al mes y quiere escalar al millón en tres meses. No tiene mucho contacto con la realidad.

3.*No logras entender al 100% a qué se dedica actualmente y cómo gana dinero.*

–Tengo un modelo de negocio con un socio, pero también tengo una consultora, pero también hacemos un marketing de no sé qué...

–¿Pero qué te da plata?

No responde. Porque no gana dinero.

4.*Te menciona que ha probado muchísimas cosas en el pasado.*

Ha hecho multinivel, trading, criptos, coaching, marketing de afiliados... pero nada le ha funcionado. Tu programa es el siguiente. Aunque claro, no quiere pagarlo. En realidad, no probó nada en serio. Sólo ha visto cuatro tutoriales, y ni siquiera completos. Pero, en el fondo, no ha hecho nada en serio. Tu formación es la siguiente,

5.*No tiene dudas respecto al programa.*

Está a punto de desembolsar una cantidad importante de dinero. Si no tienes dudas, no piensa en pagar ni en comprometerse con nada. Es así de simple.

6. No profundiza ni se interioriza respecto a cómo será el proceso formativo.

Si no te pregunta por la metodología del programa... más de lo mismo.

7. No pregunta los horarios de las clases/mentorías ni si quedan grabadas.

Porque no va a verlas. Porque no va a comprar nada.

8. No cuestiona ni hace comentarios respecto al precio.

Si no se lo piensa, es que no está pensando en pagarlo. Lo normal es ver cómo hay un debate interno en el cual es: bueno, es una cantidad que no quiero pagar, pero sé que esto es importante.

9. No percibes ansiedad en él conforme se acerca el momento de pagar.

Lo ves en la cara, en la voz, tartamudea, bebe agua... si no es así, ya sabes qué significa. Una persona que va a pagar un ticket alto se pondrá nerviosa. Ese sería el indicador adecuado. Si el lead va a pagar 10.000 dólares y está frío, frío y frío... Pueden ser por dos cosas:

O bien es un psicópata sin capacidad emocional o bien es un futuro ghosteador. Hay una tercera opción, y es la de esos leads muy cualificados que están acostumbrados a pagar tickets altos. Pero, tal vez, ese no sea el caso de tu lead. ¡Lee las señales!

10. Durante la llamada te mencionó que quizás lleva mucho tiempo estancado o que hace bastante tiempo está buscando un cambio que no ha podido realizar por diversos motivos externos.

El formato victimista de creer que siempre ocurre algo externo que puede condicionar nuestro cambio interno. ¿Te suena? Estos leads huyen rápido. Las excusas del pasado son las del presente.

11. No le brillan los ojos al pagar.

Lo mismo. Tienes que ver alguna activación emocional.

12. Durante la llamada evita todo contacto visual.

No quiere conectar contigo. Miran al costado, abajo, arriba, pero nunca a ti.

13. No toman la llamada en un lugar cómodo...

Ya muestra que no le da el valor suficiente a la llamada de consultoría.

Tu trabajo durante la llamada es observar estos indicadores.... y resolverlos. No sería un secreto de brujo si no existiera una pócima.

1. Recalcar la importancia de la decisión que está por tomar.

Esto se usa sobre todo al momento del cierre. Es decir, si te responde a todo que sí, o no tiene ningún tipo de dudas, puedes decirle:

–"Hermano, sos consciente de que está decisión puede marcar un antes y un después en tu vida para siempre a nivel financiero".

2. Preguntarle si siempre es así de serio o frío.

Si ves que le falta actitud en la llamada, puedes preguntarle esto. Ahora bien, hazlo con carisma. Es brutal que le preguntes, ya que a veces se abrirá y te contará las razones por la cual ha tenido un día de mierda. O, de pronto, tomará conciencia de su actitud y se comprometerá a prestar atención y cooperar. No se puede bailar sólo.

3. En caso de tener metas completamente locas, preguntarle qué objetivos precios o metas intermedias considera que debe lograr antes de llegar al resultado final.

Si te dice que su objetivo es ganar 100.000 dólares al mes en un período de un año, cuando su facturación actual está en 0, ya sabes que no tiene los pies en la tierra. En este caso, y esto está relacionado con una de las preguntas de la cualificación, pregúntale qué metas tiene de acá a tres meses. Desde ahí puedes tener algo más tangible, más smart, con lo que trabajar.

4. Preguntarle con mucha firmeza si le queda alguna duda, y hacer énfasis en que quieres que te comente todas las dudas que tenga para poder resolvérselas con el fin de que ambos se entiendan al 100%

Si el lead no te comenta su objeción no puedes resolverla. Así como si tu pareja no te comenta por qué está irritado, no puedes ser adivino. Así que sé incisivo en las preguntas:

–¿Te queda algún tipo de duda? Por pequeña que sea, quiero que me la comentes. Estoy acá para apoyarte y que puedas tomar la mejor decisión y que podamos entendernos al 100%, cuéntame qué más te gustaría saber o qué duda te queda

5. Recalcar que en los momentos de decisión se forja nuestro destino, por tanto está a punto de diseñar su futuro.

¿Te suena el puente de epifanía? Si no es así, vuelve a leer la parte dedicada a la cualificación.

–"Quiero que lo tomes con la importancia que se merece, entonces trae tu tarjeta que vamos a darle para adelante y vamos a diseñar este futuro en el cuál vas a ser una persona atractiva, libre…. ".

En la cabeza del lead todavía hay planes de huida. Recuérdale que no es una opción viable.

6. Al momento de pasar al pago, recalcar la inmensa diferencia que existe entre los muchos que hablan vs los pocos que hacen.

Aquí puedes emplear herramientas como *"los motivados vs los comprometidos"* o *"los que toman acción y cambian su vida vs los que en último momento se hacen caquita y se arrepienten para siempre".*

Recuérdale que tiene dos caminos a seguir. Si no, puede ser que te diga: ahora vengo, voy a por la tarjeta que está aquí mismo… ¿Sabes cuántas veces me he quedado esperando a que vuelvan? A veces ni siquiera apagan la cámara. Me quedo ahí observando lo ordenada que está su habitación.

Haz esto con ese lead narcisista...

¿Cómo lidiar con leads con mucho ego? Esta es una de las preguntas que más me hacen mis alumnos y, sin duda, es de las más complejas de responder. No tanto por la respuesta, sino por el marco que se ha de mantener durante la llamada. A un lead con mucho ego o narcisista se le ve de lejos, no necesitas estudiar psicología, así como también sabes que, en realidad, sólo quieren mostrarte una máscara y autoimagen porque en el fondo se sienten como una verga.

Ya sabes del tipo de lead que hablo. Ese que entra con la actitud de yo sé / yo tengo resultados.

La mayoría, no tienen resultados y saben muy poco, pero bueno, se han creado un personaje con el que es complejo lidiar, sobre todo en las llamadas de venta.

–Yo ya leí cincuenta libros, y llevo más de diez años en el mercado, no sé cuántos llevarás tú...

En esos comentarios el lead se quiere medir, y quiere mostrar que es más alto, más listo, más guapo, más, más, más. Te van a decir que se mentorizaron con Tony Robbins, que tienen empresas, que tienen carisma, que son divertidos... Que no necesitan tu servicio.

–¿Y hace cuánto que no tienes una cita?

–Ocho meses.

–¿Y sin sexo?

–Un año y medio.

Extrapola ese diálogo, y habrás descubierto la máscara del lead. ¿Qué te hace sentir que, siendo tan guapo, tan listo y tan carismático, lleves durmiendo 500 días solo?

En el fondo lo sabes. Pero te cagas, les compras el cuento y te vuelves pequeñito, te dejas dominar, pierdes el marco y la autoridad... pierdes la venta. En algunas ocasiones, tal vez, hayas buscado validación con las preguntas, y cuando buscas validación... ¡pierdes el valor!

Los pasos que quiero que apliques son los siguientes:

- No te sorprendas cuando te diga que tiene un lambo y cinco mansiones.

- ¿Para qué le vas a dar validación? Cuando el closer se mantiene impasible, el lead pierde el control. Piénsalo, está acostumbrado a que la gente lo endiose.

- Llega a sus dolores: ¿Hace cuánto no follas? ¿Hace cuánto no te compras un bocata?

- Si lo logras, lo tienes. Ya sabes, esos manes espirituales que están iluminados pero que no tienen un dólar para comer.

- Cuando encuentras el dolor, pasa a la estrategia pasiva-agresiva.

- Aquí eres un delantero que se esconde tras el arquero para que, justo cuando vaya a sacar, le robes la pelota. Él no te ha visto venir. Es tu contragolpe. Si es tan puto amo, ¿para qué está en esa llamada? Encuentra su talón de Aquiles y bájale el ego.

- Invalidar los resultados. La meada sutil.

Si te dice que gana 5k al mes con su conocimiento, recuérdale que muchos alumnos están en 100 k al mes. Dile que el mentor de la formación está en el millón. Y que tú, tal vez, también ganes más. Hazlo de manera sutil, pero que sepa que no le vas a dejar pasar una. No es el más listo de la clase. De hecho, nunca lo fue. Si lo fuera, no estaría en esa llamada. En mis inicios hice eso, aún recuerdo esa sensación. O tú o el mentor o alumnos. ¿Qué te impide ganar al menos 15k al mes?

… y con esos leads españoles

Si eres latinoamericano y has vendido para el mercado español, habrás observado que, por lo general, suele existir un sesgo cognitivo en el cual el lead español se cree superior al closer latino, por lo cual es un robo de marco de base. Este sesgo la mayoría de veces es inconsciente, y explica por qué es tan complejo cerrar las ventas...

Pero aquí viene el secreto de brujo. Es tan sencillo que te preguntarás, ¿cómo no lo vi antes?

–Hey, Juan, ¿eres de España, cierto? Qué bueno, ¿y de qué parte eres? ¿Madrid? Qué bueno. Te cuento que soy un fanático de España, fui tres veces: en 2019, 2021 y 2023 y siempre me quedo un par de meses para conocerlo. De hecho, tengo familia en España, Ibiza, amigos en Barcelona, tengo un equipo de trabajo en Alicante. He estado en Sevilla, Granada, Extremadura... Así que ya te imaginarás, creo que salvo la zona del País Vasco, me queda poco por ver.

Ahora el lead no te verá como un mendigo. De hecho, puedes ir un poco más allá. Cuando te diga que tiene problemas por el precio del servicio, dile:

–No tienes ni idea de lo que es una situación económica jodida. Te quejas de que la inflación es del 7% anual. En Argentina la inflación es del 14% mensual. ¿Qué me estás diciendo?

–Los sueldos en España son muy bajos.

–En Argentina son 250 dólares. ¿Ahí son 1500 euros, verdad?

Y no hay más quejas que valgan.

No permitas microrobos de control del marco

Cuando el lead habla por encima de ti, es un intento de robarte el marco y la autoridad. A estas alturas, ya sabes lo que significa esto, y lo poco que le favorece a tu cierre de venta. Hace no mucho, analizando la llamada de un alumno experimentado, observé que incurría en ese error a menudo. Aunque su tasa de cierres era alta, ganaba 3k al mes, había llamadas que no conseguía dominar. Le recordé que, en realidad, no había fallado en el cierre, si no en el testeo del marco. Si la llamada viene mala, no puedes hacer magia. Ronaldo a 70 metros de la portería no es el mejor del mundo. Esto es evidente, pero a veces lo olvidamos y pensamos que la etapa del cierre fracasó. No, el fracaso llegó en la construcción de la jugada. Por eso le recordé a mi alumno los siguientes tres puntos más habituales en cuanto al robo del marco:

- No permitas que te hablen por encima.

- No permitas que te falten el respeto.

- No permitas que te hagan preguntas.

Si está hablando contigo, está hablando contigo. No puede estar en la calle caminando con los amigos en el parque. No puede ser. Estás en una llamada que te va a cambiar la vida, si ese es el respeto que te tienes, no puedes permitirlo. Es obvio. Apaga la chispa cuando empieza, pues entonces no podrás apagar el incendio. ¡No te quemes!

Si está hablando contigo, tiene que dejarte terminar tus preguntas. ¿Tiene sentido? Si el lead te roba el marco, dijo Augusto por centésima vez, no vendes.

–¿Por qué tomaste la decisión de presentarte hoy a esta consultoría?

–Para ver qué me ofreces.

Ya hemos hablado de esto. Si vas al médico, no le das esa respuesta. De hecho, sería tomado como una falta de respeto. No puedes continuar una llamada de venta con esa chispa. Te terminarás quemando con las llamas del infierno.

–¿Por qué tomaste la decisión de presentarte hoy a esta sesión de consultoría?

–Vi un anuncio y vine para ver qué me ofrecen.

–Bueno, como ofrecerte hay muchísimas cosas que ofrecer. Te imaginarás, un experto como......................... y una empresa con más de 15 años de experiencia... Pero para ayudarte necesito ver qué es lo que buscas. Así que dime, ¿qué es lo que tú estás buscando?

–¿En qué sientes que fallas a la hora de aplicar? –le pregunto.

–Estoy acá para eso. Para que me digas qué fallo. Se supone que tú eres el experto. Deberías saber decirme en qué estoy fallando –dice el lead con mala cara.

Como ves en esta conversación, que es más típica de lo que piensas, se puede ver la falta de humildad. El lead podría haber dicho lo mismo sin ser tan cabrón, pero de ese modo no tendría el marco. Y lo sabes. La pregunta es: ¿qué haremos? ¿Continuamos la llamada de venta como si nada? No, vamos a repreguntar. No podemos seguir hacia delante.

–Obviamente tengo una hipótesis de la razón por la que estás en ese punto, pero primero me interesa saber a qué conclusión llegaste tú porque entiendo que si te está molestando has llegado en tu mente a algunas razones al respecto.

Recuerda que las evasivas no funcionan ni funcionarán nunca.

Que la pendejada no te desvíe

Que las pendejadas del lead no te desvíen. El objetivo de Haaland es cerrar. El tuyo también. No permitas que te saque del cierre. Recuérdalo: el lead quiere desviar tu atención. Es como cuando llegas borracho a casa y quieres evadir la pregunta de por qué andas en zigzag.

El lead no quiere ser confrontado, así que intentará escapar. Esto pasará sobre todo en dos situaciones:

1. Confrontación de objeciones: ¿Cómo haces flexiones mientras corres? Sí, así como lees. Esta pregunta me la hicieron (tienes esta llamada disponible en el código QR próximo). ¿Qué significa? No tengo ni idea, pero el lead se vio tan confrontado que salió con esas estupideces. El lead que me hizo esta pregunta ni siquiera era tonto, pero lo intentó todo para no admitir que no tenía lo que había que tener para tomar acción.

2. Cuando está pagando: como aún está medio inseguro, te empezará a preguntar por pendejadas. ¿Y vos hace cuánto trabajáis acá? ¿Y cómo empezaste? ¿Y cómo y de qué manera cambió tu vida? Se nota que sabes un montón eh....

Aquí vas a responderle con la vieja confiable: la redirección. *Todo lo que sé lo aprendí en este programa, así que vamos adelante. Mi vida cambió el día que elegí tomar esta mentoría. Dale para delante.*

Cuando el lead intenta salir con estupideces, muchos closers sienten un alivio. Es el mismo alivio de aquel que le teme a cerrar; el mismo que cuando te quedabas en el salón de clase para besar a esa chica y, de repente, el profesor entraba y os interrumpía. Era una joda, pero en realidad te alegrabas.

No debería darte alivio no cerrar.

Un closer con miedo a cerrar se aferra a la pendejada del lead. Cuando quieres besarla y te interrumpen, algo en ti se alegra. ¿Sí o no? El problema es el Mindset. Debería ser exactamente al revés. ¿Haaland se alegraría de no marcar? ¡*Uff, qué alivio! Así no chuto a portería.*

Take Away

Es el famoso *"te quiero pero no te necesito"*.

Hay profesionales que piden dinero.

Hay profesionales que no necesitan tu dinero.

Los primeros viven en escasez; los segundos en abundancia. Las leyes del universo son claras. La necesidad y el aliento a ventas atrae más necesidad. Si has llegado hasta este punto del libro, imagino que ya lo sabrás, pero si pasas por aquí por casualidad, debes plantearte desde dónde vendes. Si lo haces por ego, por dinero o por avaricia... vamos mal. He estado ahí facturando 10k al mes y nunca era suficiente. Quería mantener cierto nivel de dinero, cierto nivel de autoestima, cierto nivel de tasa de cierre... y no se lo deseo a nadie. Mucho menos a ti que has tomado la decisión de mejorar de forma íntegra.

–Brother, esto cuesta 3000, pero si me lo pagas ahora te lo puedo dejar en 2500.

–Es caro –dice el lead.

Te pones nervioso: la venta se te escapa.

–No, no, pero no es caro eh, mira que vale 2500 y te incluye tal y tal y tal y tal y tal. Es super bueno eh. Cómprame por favor.

–No sé –responde el lead.

–Bueno, ¡también tenemos un programa que cuesta 1000 eh! Básicamente es lo mismo pero se le quita esto y te sale a 1000 si lo quieres... y no sé si debería, pero bueno, si lo pagas ahora te puedo dejar entrar por 700.

–Sigue siendo caro...

–También tenemos un pregrabado que vale 100. 100, solo 100. ¿Lo quieres? ¿Lo quieres?

A este punto has perdido toda dignidad como closer y persona.

Ningún lead te comprará por lástima, mucho menos un High Ticket de 3000 dólares. No puedes arrodillarte por una moneda. Y, por otro lado, la imagen que das es la imagen de la empresa.

Quien sabe aplicar este concepto, vende mucho más. Quien no lo aplica, venderá menos. Si un lead se queda con esa sensación, esa en la cual serías capaz de venderle cualquier mierda a cualquier precio, no te comprará. Es el típico "te necesito" desde la escasez.

El que menos quiere tiene más poder. Si del 1 al 10 yo tengo un deseo de venderte de 7, y tú estás en 10 de comprarme, yo tengo el poder.

Si el Real Madrid necesita un delantero después de una temporada horrible, irá a por Mbappé. El PSG podría negociar un buen acuerdo, pero si Mbappé quisiera ir al Madrid, el take away desaparece, y eso es perder poder.

Te quiero vender porque sé que te puedo ayudar, pero no necesito venderte. Cuando un closer está necesitado, se rebaja. Se nota en su voz, en su rostro, en sus gestos.

El que muestra hambre, no come.

El que muestre su desesperado deseo sexual, no *****

Despide a tu cuñado

Empresarios del mundo, tienen que despedir a tu hermano y cuñado como closers. Si no son profesionales, fuera. Steve Jobs comprendió a la perfección que la imagen de marca debía estar en correlación con sus vendedores en cualquier tienda del mundo. Contrataba a gente apasionada y competente a la que entrenaba en conocimientos técnicos y de atención al cliente. ¿Por qué ibas a hacerlo distinto?

En *El Éxito es Para Ti*, del doctor David R Hawkins, comparte cómo las grandes compañías se gastan auténticas millonadas en mejorar la experiencia del cliente. Y, en realidad, vos no tenés que gastarte eso.

¿Cuál es la empresa que más ingresa en los Estados Unidos? No es Amazon. Ni Apple. Tampoco Google. Búscalo en internet, te espero.

¿Ya? A fecha del 2024... ¡Walmart!

Walmart ha tenido un gran éxito al enfocarse en la comodidad del cliente. Ofrecen calidad a precios ajustados, y sus servicios están estratégicamente ubicados cerca de la entrada. Al recibir a los clientes con una sonrisa y ofrecerles ayuda, crean un ambiente acogedor. Además, proveer de asientos en la tienda es crucial, permitiendo a los clientes descansar y reflexionar sobre sus compras, lo que aumenta las ventas significativamente.

Vamos a quedarnos en esto último: asientos en las tiendas.

El 80% del consumo en Estados Unidos se debe a las decisiones de compra de la mujer. O, lo que es lo mismo, los hombres somos demasiado simples: arroz, huevo y carne. Por eso Walmart colocó asientos en las tiendas, para que los hombres cansados, esperasen a que sus esposas decidieran que en vez de arroz, huevo y carne, sería mejor comprar quince tipos diferentes de queso, tres clases de arroz orgánico y una selección de carnes exóticas que no sabían que existían, todo mientras planifican las comidas de la semana y redecoran la cocina.

Esto sólo lo puede hacer un profesional. No tu hermano. Mucho menos tu cuñado.

Las 4 variables que determinan si un lead compra

1. Costo (económico/tiempo). Nunca se trata de la falta de plata o tiempo, sino el costo de exponerse a la incomodidad o retos. El ego del lead no quiere pagar el precio de la incomodidad. No es la cuota de 1000 dólares por el programa de entrenamiento, sino el esfuerzo que le tienes que meter: ir cinco días durante dos horas durante el próximo año; eliminar tus viejos hábitos... Ese es el verdadero costo.

   Ahora bien, muchas veces el lead ni siquiera es consciente del precio que está pagando (el gordo que durante el invierno usa campera... pero en las juntadas de verano se siente en la mierda).

2. Consecuencia: ¿Qué consecuencias tiene hacerlo? ¿Y no hacerlo? Siempre existe una consecuencia, es decir, ¿qué consecuencias tienes si cierras sólo el 10% de tus llamadas? ¿Qué consecuencias tienes si sigues pesando 120 kilos?

   Muchos leads no visualizan las consecuencias que tiene hacerlo y no hacerlo, y es por eso que el closer necesita hacerles conscientes de estas opciones.

3. Apoyo: Si necesita tercerizar la decisión con alguien más, es porque hace falta generar más certeza del resultado que van a conseguir por comprar tu servicio.

4. Confianza: De nuevo, la certeza del lead en que le vayas a generar resultados hará que te compre o no. Es así de simple. Si bajara Dios y te garantiza que vas a conseguir tus objetivos: ¿entras o no entras?

La energía masculina es venta

La venta es energía masculina. El momento del cierre, mucho más. Si vendes productos High Ticket no hay de otra. No estás vendiendo un commodity o un producto altamente validado, como pueda ser un IPhone. En este caso no compran al vendedor, sino el producto.

La llamada 1:1 es un penalti en la final del mundo. Si lo metes, cierras. Si lo erras, fuera. Y es por eso que un closer requiere de la energía masculina, ya que esto es sinónimo de dirección. De ahí que el guion de ventas que te he presentado en este libro sea tan importante. El camino está escrito, y es tu responsabilidad llegar al destino. El lead no quiere avanzar, así como tampoco quiere pagarte. ¿De quién depende que se cierre la llamada?

La pregunta se responde sola.

LLAMADA IDEAL

LLAMADA NORMAL

Con sus retrocesos, avances, el lead te saca, lo vuelves a tomar, lucha de marcos, sigues, vuelta y terminas. Siempre terminas.

LLAMADA MEDIOCRE

El closer sin dirección retrocede, se autosabotea, se deja dirigir por el lead.... y al final no cierra. A veces ni siquiera llega a presentar el servicio, mucho menos va hasta el final. Y sus llamadas, además, duran 3 horas.

Muchos alumnos me preguntan si tienen que tener energía masculina. Yo les pongo el ejemplo de la psiquiatra que trabaja con nosotros en la academia. A día de hoy tiene 53 años, y es la mujer más amorosa y sabia que he podido conocer. Cuando empezó a formarse como alumna, estuvo a punto de darse de baja.

—Yo no puedo ser así de dura. ¡No puedo!

Le expliqué que la energía masculina no depende del sexo, sino de la impecabilidad y la dirección. ¿Cuántas veces te cancelan citas cinco minutos antes de llegar? ¿Cuántas veces dices sí cuando quieres decir no? ¿Cuántas veces sientes que te falta autoridad? Emplea toda esa energía en tu vida, pero sólo en los momentos en los cuales se requiera. Cuando vendes, toma el marco. Cuando das una sesión y te cancelan la cita sin ni siquiera avisarte, toma acción y di lo que piensas. Los límites saludables tienen que ver con este tipo de energía.

La energía es como un traje que te pones en los momentos clave. Luego puedes relajarte. Guardiola es el mejor entrenador del mundo, pero dudo que le hable del 4-3-3 a su esposa.

Mi padre era un hombre amoroso, tal vez demasiado, y por eso me enseñó la importancia de pedir a la vida lo que merezco. La debilidad y la falta de carácter no son premiadas, y si nos falta sangre en la vida (los leads) nos comen. No hay nada que temer.

La Venta Subliminal (siembra y cosecharás)

La bendita siembra.

O el vender sin "vender" de toda la vida. La siembra es implantar ideas en la cabeza del lead que le lleven a decidirse por la decisión de compra. Es así de fácil. Es el arte de subcomunicar ideas. Es despertar el interés sin que se note.

Imagina que tu lead te dice que tiene una formación espiritual en la cual le cuesta cerrar a nuevos alumnos. ¿Qué haría yo? No dejar pasar la oportunidad. Te explico cómo.

–Ah, ¿tú también tienes un instituto espiritual? Yo tengo a Dani, del portal de Horus, y a su esposa, quién tiene casi medio millón de seguidores en sus redes sociales, en Five Stars. Tal vez los conoces. Ahora ganan 10k al mes cada uno. Y sí, entiendo que ese perfil de lead tiene creencias limitantes en cuanto al dinero. Pero bueno, con lo que aprendieron acá en Five Stars les fue suficiente para generar estos resultados.

Es el "me recuerda a mi alumno X que estaba igual de jodido que tú y que le fue bien siguiendo este programa" de toda la vida.

Otro ejemplo que viví fue cuando mentoricé a una empresa que vendía un máster en programación. Una lead, profesora de educación física, sentía que en su trabajo no la valoraban, no le pagaban las horas extras y, además, sentía que era fácilmente reemplazable.

–Entiendo que te pase esto, pero en la programación hay más oferta que demanda. Por eso las empresas se lo piensan en despedir a uno, puedes pueden tardar varios meses en contratar a otro. Además, si te vas de la empresa, no tardarías más de cinco minutos en encontrar otra empresa.

Ni que decir tiene que compró.

Otro cliente se presentó a la llamada con el uniforme militar. Así que nada más empezar, en la generación de química, le dije:

–¿En serio eres militar? Cuando hice mi primer programa de seducción en España, el militar que había allí fue el mejor de lejos. De lejos. Y eso es porque, al ser militar, ya traía características masculinas que a las mujeres les atrae. Y claro, cuando traes esto de base y la combinas con las

herramientas que te damos, rompes el estadio.

También compró.

Para aplicar la siembra hay que tener en cuenta sólo tres aspectos:

1. Tiene que ser sutil. ¿Es evidente, no? En un mundo ideal la venta sería positiva, pero como la mayoría tenemos creencias limitantes en cuanto a la venta...

2. Entre 3 y 5 siembras. Más de esto es demasiado pesado.

3. Cuanto más alto es el nivel de conciencia del lead, más sutil debes ser. Si, por ejemplo, tu lead tiene conocimientos acerca de la venta, puede verte venir y caerle mal. No levantes sus defensas. Observa el lead antes de actuar.

No puedo dejar de remarcar la sutileza. Cuando vas a una discoteca, no le dices a la persona que te gusta: Oye, ¿quieres tener sexo en mi casa?

No, más bien le invitarías a ver una película o tomar algo a un sitio donde puedes servir tus propios tragos y poner tu música favorita.

Pero también importa cuándo metes la siembra. No vale meterla en el último minuto, pues eso es el famoso hedor a la venta que tanto espanta. Más bien, nada más entrar en ese restaurante, comenta que has tomado un curso de barman, y que elaboras un cóctel cincuenta veces mejor que el que te estás tomando. Siembra. Después, cuando cierren el bar, puedes agarrar lo sembrado.

Al final del día, la siembra se asienta en dos postulados.

1. Aumentar el grado de certeza del resultado. Otros como él han estado dónde él se encuentra. Otros como él han conseguido materializar sus propósitos.

2. Aumentar la temperatura de venta. Un lead frío entra en la llamada a 10°, uno caliente en 50°. La siembra debe aumentar su temperatura. Cuanto más caliente, mejor.

El beso por delante (y el precio también)

En la película Annie Hall (1977), Woody Allen besa a Annie Hall antes de comenzar su cita.

Alvy: Oye, escucha, dame un beso.

Annie: ¿Ahora?

Alvy: Sí, ¿por qué no? Luego iremos a casa, ¿verdad? Y como es lógico habrá cierta tensión porque nunca nos hemos besado y yo no sabré cómo seguir, así que ahora nos besamos, acabamos con eso y luego vamos a cenar, ¿de acuerdo? Y digeriremos mejor la comida.

Annie: (Ríe) De acuerdo.

Alvy: (Se inclina y la besa).

Annie: (Corresponde al beso).

Alvy: ¿Ves? Mucho mejor.

Los closers se cagan en los pantalones para no decir el precio, y es por eso que pasan la mayor parte de la llamada con esa tensión. Es justo esa sensación la que no les permite fluir. Al igual que Alvy, siempre he dicho que es más interesante eliminar la tensión lo más pronto posible. En mis tiempos universitarios, era común que los treinta alumnos del aula se pelearan por ser el último en exponer en una examen oral, ya que eso podía significar hasta cuatro horas más de estudio respecto al primero que entraba.

El primero era yo. Porque prefiero ahorrarme cuatro horas de ansiedad. Llámame tonto, pero cuando estoy ansioso no pienso con claridad, y si no pienso con claridad tomo peores decisiones. En realidad, todos somos así, pero por alguna razón preferimos el precio del miedo.

Este secreto de brujo no va de besos ni de exámenes, sino de dinero. Esa variable que lo determina todo. Esa variable que debes tratar como si fuera un dato más. El precio, a mi entender, es como decir el horario. Es renormal. Es natural. Si tienes aún resistencia a decir el precio, eso hará que dejes el precio para el final de la llamada. Nadie sabe por qué algunos deciden dejarlo para el final, pero para mí es como dejar ese regusto amargo.

Llámame loco, pero debes dejar al precio para justo antes de la presentación (tal y como te presenté en las etapas del proceso de venta). Por varios motivos:

1. Hasta que no digas el precio, el lead vivirá en la plena incertidumbre: tú le estás contando los beneficios sobrenaturales del programa formativo definitivo, y él está pensando cuántos dólares le va a costar. Esa incertidumbre es tensión, y la tensión no presta atención más que a sus propios pensamientos. ¿Quieres que te preste atención o no?

   Así es como os veis:

   –Mi producto es una bestialidad, es el mejor del mercado, bla, bla, bla... (Pero el lead va preguntándose cuánto le va a salir. Por lo tanto, no te está escuchando). Uff, y añade excursiones, y desayuno, y además comida, y cena, y un bonus de una semana en un resort, y, y, y, y.

   Y nada.

2. Dejar el trago amargo para el final es acabar con el dolor del dinero, ¿quién quiere eso? ¿No sería mejor dejarle con un sabor dulce? Decir el precio al final es como tirar una moneda al aire y preguntar si quieren quedarse. O, lo que es lo mismo, darles la oportunidad de retirarse de la partida.

3. La balanza precio-valor peligra. ¿Recuerdas el dibujo de la balanza que dibujó el hijo de un amigo? La idea es que el valor pese más que el precio. Si muestras un valor incalculable pero dejas el precio para el final, es fácil que el lead olvide por completo ese valor incalculable, y de ahí puedes contar los minutos para que se eche para atrás. En cambio, si te tiro el precio primero, puedo ver en tu cara como poco a poco vas justificando el valor. Si le parece caro, puedo controlar el marco y mostrar más información; si veo que está convencido, ni siquiera tengo que presentar el servicio. El factor determinante, el precio, ya está resuelto. Nos hemos ahorrado diez minutos de

presentación. ¿Cómo te queda en pagarlo?

4. El poder del autoconvencimiento: Cuando dices esto cuesta 20.000 dólares y luego cuentas el servicio, el lead empieza a comprender por qué tiene ese precio. Primero le das un jarro de agua fría, le das el vaso medio vacío y luego se calienta y ve el vaso medio lleno. Es como ese actor o actriz con un físico normal, pero que de alguna manera ves como recontra impresionante porque acaba de aparecer en la serie de moda. Es como ese cuadro que podría haber dibujado el hijo de mi amigo, pero que al ser de Picasso toma otra relevancia. Es como cuando le preguntas a tu colega: ¿cuál es el secreto de la felicidad? Y te dice: estar presente. ¿Le haces caso? No. Pero si te dice lo mismo Tony Robbins la cosa cambia. De repente, esas palabras cobran un sentido trascendental.

Para cerrar la venta el lead debe saber el precio, le impacte más o menos. Si no sabe el precio, no puede decirte sí o no. Y si transmites el precio con tranquilidad, el lead verá seguridad. El tipo inseguro no quiere hablar de dinero. Así como el adolescente inseguro no habla de sexo. Pero tienes la oportunidad de mostrarte con huevos.

Y el lead ama la certeza. La venta es certeza.

La sumatoria hace la excelencia

No hay pociones mágicas. No hay atajos. Hay procesos en excelencia.

¡Augusto, Augusto! ¿Cuál es la frase que hará que el lead pague? ¡Cuéntamela! ¡Revélalo!

En realidad no hay ninguna frase. Es la sumatoria lo que hace la excelencia. Tu trabajo es ocuparte de ejecutar el proceso en excelencia. Una buena canción no es sólo la voz, sino el ambiente, la letra, el ritmo, la sincronía, la batería, el piano, la energía... O, dicho de otro modo, el Barcelona de Guardiola no tenía solo a Messi. Existían también Xavi, Iniesta, Alves, Pedro, Villa, Henry, Puyol, Piqué... ¿Viste eso?

No hay una rama infalible. Hay un buen set up, una buena química, un buen marco, unas buenas preguntas, una buena voz... Es la sumatoria de pequeños granitos de arena. Imagina que jugamos un partido. El partido lo gané 6-5, y metí un gol en el último minuto. Pero antes de eso metí otros 5. La frase que convence al lead es el sexto gol. El que más recuerdas, el más bello, ¡pero eso es solo el sexto!

Montiel pateó el último penal, pero necesitó a Messi; a Dybala; al Dibu... Ningún francés entenderá esto.

Pero para el resto, ¿no es fácil?

CUARTA PARTE

CIERRA TODO LO QUE CAMINA
ASÍ LOGRÉ EL 90% EN MI TASA DE CIERRE

Tipos de objeciones y cierres

Una cosa es la venta y la otra es el cierre. Cuando empecé a vender me di cuenta que no sabía cerrar. Al principio, cuando daba sesiones de coaching gratuitas, el lead, de alguna manera, me pedía el cierre. ¿Cómo podemos trabajar juntos? ¿Y cómo se paga? Eso no es un cierre, ya que el lead me compraba. La tasa de cierres estaba supeditada a la buena voluntad del lead. Y por eso era más baja. Yo no ejercía ninguna influencia. Como closer, tienes la responsabilidad de buscar el cierre. Haaland no espera en la portería a que le pasen la pelota. No puedes decir el precio y tirar una moneda al aire. La tasa de éxito del 90% no depende de la suerte.

Mucha gente vende mucho porque está en buenos contextos. Nacho tiene 6 Champions. Ronaldo y Maradona 0. ¿Habilita que Nacho sea mejor jugador que estos? Nadie en la faz de la Tierra diría esto. Nacho está rodeado de una oferta irresistible y de leads altamente cualificados. No necesariamente es que seas una bestia: puedes tener oferta irresistible, leads altamente cualificados...

Pero ese nunca fue mi caso. Probablemente tampoco el tuyo. Los cierres universales que ya he descrito funcionan bien... pero a veces necesitas de más ingenio. Lo que vas a leer aquí es una creación de colores que elaboré a partir de los primarios. Gracias a todos ellos he conseguido mucha plata. Y espero que tú también.

Cierre de "Soy de LATAM, no quiero pagar en dólares"

- **Tipo de objeción:** No quiero pagar en dólares; estoy en Argentina (o cualquier país de LATAM).

- **Cierre:** ¿Te interesa ganar en dólares o pesos argentinos? Pues si te interesa cobrar en dólares, te toca pagar en dólares. Haz una única inversión en dólares que te permita cobrar en dólares para siempre.

Es así de simple. Si vendes en LATAM, sabrás que esta objeción es muy específica y, por circunstancias, bastante común. Pero algo que también es real es que todos tus leads quieren ganar en dólares. Se trata de poner en valor que, si quieres algo, primero debes pagar el precio.

Cierre de J BALVIN

•**Tipo de objeción:** La mentoría suena demasiado bien para ser real, no pienso pagar.

•**Cierre**: ¿Te gusta la música? ¿Quién es tu artista favorito? ¿J Balvin? ¿Cuál es tu tema favorito? ¿Qué pretendes? Brother, y ese tema, te lo pones, es real, cuando entras en Youtube, suena. Cuando te lo pones en Spotify, suena. Podemos concluir que suena extremadamente bien y es real. ¿Verdad?

Este cierre lo creé en vivo. Sin duda, esta es de las objeciones más tontas que hay en el sector, pero también es de las más comunes. Si te fijas, solo se trata de colocar una analogía que el lead te proporcione, y llevarlo al absurdo. En la psicología cognitiva se llama a esto constatación empírica. Si la música de J Balvin es real aunque sea tan buena, este curso también lo es.

Una variación de esta objeción es cuando te dicen algo relacionado con: todos los argentinos que venden cursos son estafadores.

–¿Es eso real? ¿Has hablado con todos los argentinos?

–No, no he hablado con todos.

–Entonces podemos concluir que no todos los argentinos son estafadores, ¿cierto?

–Cierto.

Otra objeción similar es: no tenéis experiencia en el sector.

–¿Scaloni tenía experiencia cuando ganó la Copa América? ¿Y la Finalissima? ¿Y la Copa del Mundo?

–No.

–Pero se partió la madre para darlo todo y obtener resultados. Nosotros queremos que seas nuestro caso de éxito, así que nos partiremos el culo. Démosle para adelante.

Cierre de Megan Fox

•**Tipo de objeción:** Quiero valorar otras opciones

•**Cierre:** ¿Quién es la persona que más te atrae? Bien, imagínate que sales una noche y la ves en una discoteca. Entonces te mira, se acerca y te dice: quiero ir contigo a casa. Ya. ¿Ya lo tienes en mente? Bien, ¿vas a decirle a Megan Fox que vas a mirar al resto de mujeres de la sala sabiendo que no hay otras como ella o te vas con ella a casa?

–*Me voy con Megan Fox, obviamente.*

–*Este el Megan Fox de los programas. ¿Cómo te queda en pagarlo?*

Aquí la clave es ponerle otro escenario hipotético donde no valoraría otras opciones. Y, como tu servicio es el Megan Fox de tus servicios, no hay motivo para valorar otras opciones.

Cierre de T. Harv Ecker

•**Tipo De Objeción:** No tengo dinero/ Me parece caro/ Tengo dinero, pero lo tengo destinado a otra cosa.

•**Cierre:** Harv Ecker dice que cada acción reafirma la abundancia o escasez. En su libro, habla acerca de cómo los pobres eligen una cosa en lugar de otra, mientras que los ricos piensan en cómo pueden hacer las dos. Cada decisión reafirma un sistema de creencias. Si no inviertes en algo por miedo a no rentabilizarlo, estás reafirmando miedo y escasez. En cambio, si inviertes, subcomunicas al universo que vas con toda, que confías en ti. Cuando el presidente del Real Madrid pagó por Vinicius, pasaron años hasta que viera el retorno de su inversión. Si quieres resultados, debes tomar riesgos.

Este cierre va destinado a vendedores o emprendedores, ya que son ellos los causantes y máximos responsables de sus propios ingresos. El truco está en mostrar que un emprendedor primero invierte, y luego recibe un retorno de la inversión. Bien podrías hablar acerca del universo, en el caso de que el lead conectara más con ello.

Cierre de Referentes

•**Tipo de objeción:** El precio me da miedo / Me da miedo hacerlo.

•**Cierre:** ¿Qué haría tu ídolo o mentor?

Después de hablar durante una hora, ya sabrás quién es el ídolo de tu lead. Así pues, cuando te diga que tiene miedo de invertir en sí mismo, pregúntale si su ídolo tendría miedo de hacerlo. ¡Importante! Aplica únicamente para referentes de desarrollo personal o empresas, es decir, no sirve que su referente sea su "abuelo".

Cierre Robert Kiyosaki

•**Tipo de objeción:** No puedo pagar ahora (por la razón que sea).

•**Cierre:** ¿Sabes que si no entras ahora, la mentoría te saldrá por 4000 y no por 3000? Puede ser que, cuando entres en un par de meses, te salga en 4500 porque estamos pensando en subir el precio. ¿Prefieres entrar a 4500 o 3000? Entonces haz un pago reserva ahora para congelar el precio. ¿Conoces alguna inversión que, pagando ahora 500, te ahorre 1500 dólares en el futuro? Ni Robert Kiyosaki conoce una inversión que saque una rentabilidad del 50% en dos meses. Kiyosaki y Warren Buffet estarían orgullosos de ti.

Este cierre se usa para conseguir una reserva en llamada con el fin de que al lead no le aumente el precio (y que no se comprometa). Al final es usar la figura de un inversor y añadirle la muletilla: estaría orgulloso de ti

Cierre de los burpees

•**Tipo De Objeción:** No reservo ahora, cuando me toque en unos meses lo pagaré todo junto.

•**Cierre:** El que no puede hacer 2 burpees no puede hacer 200. Si no puedes pagar 500 dólares ahora no podrás pagar 5000 en uno, dos o tres meses. El que no hace un gol jugando en el parque con sus amigos no le puede hacer un gol al Madrid. Así que haz la reserva, ¿cómo te queda en pagar?

Aquí buscamos que reserven en llamada, por lo mismo: si les dejas ir, no volverán. Ellos creen que volverán con toda la plata a dártela. Pero es mentira. Tal vez tengan el dinero en ese momento, pero prefieran destinarlo a otra cosa.

Cierre del muéstrame el tiempo en pantalla

•**Tipo objeción:** No tengo tiempo.

•**Cierre:** ¿Tienes el celular a mano? Bien, muéstrame el tiempo en pantalla y busca el período que pasas usando Instagram, TikTok, Facebook, Twitter. ¿Ves? Esas horas las estás despilfarrando. ¿Estás dispuesto a quitar una hora diaria para acercarte a tus objetivos? ¿O vas a despilfarrar más tiempo? Lo importante no es la cantidad de tiempo que tienes sino la prioridad que le das. Y para las cosas importantes siempre tenemos tiempo.

En líneas generales, el lead se ríe. La objeción del tiempo tiene las patas muy cortas.

Cierre de las cuentas

•**Tipo objeción:** Para hacer esta inversión tendría que hacer cuentas.

•Cierre: Si para hacer esta inversión tienes que hacer cuentas, ese es el motivo principal que me indica que te conviene hacer esta inversión, ya que significa que no te va lo suficientemente bien. Si haces esta inversión, mejorarás tus resultados, y no tendrás que hacer cuentas para realizar un pago de este tamaño.

Usas todo a tu favor, constantemente. Ese es el truco.

Cierre del alumno y del maestro

•Tipo de objeción: Voy a tener una llamada con Juancito Pérez, que sé que es alumno tuyo, para ver cómo es su servicio.

•Cierre: Juancito Pérez es un crack. Pero, ¿prefieres aprender del alumno o del maestro? Juancito es un fuera de serie, pero todo lo que sabe lo aprendió de su maestro.

Muy específico, simple y poderoso. Sobre todo cuando trabajas para un formador que tenga cientos de alumnos.

Cierre del espiritual

•Tipo de objeción: Tengo que pensármelo.

•Cierre: Como bien sabes, todo pasa por algo. Y el hecho de que estés acá hoy no es casualidad. Y entiendo que ahora puedan surgir dudas, pero esta es la mejor decisión. Démosles para adelante.

Para los leads más espirituales.

Cierre del cronómetro

•Tipo de objeción: Ahora estoy en la oficina, llego a casa y te pago.

•Cierre: Hacer el pago te lleva 25 segundos, si eres medio lento 40. Lo tengo cronometrado. Démosle para adelante ahora. Lets go.

Cierre del examen

•**Tipo de objeción:** Tu programa vale 2000, pero yo ahora tengo 1000. Quiero entrar pagando todo, no te quiero deber. / Me da vergüenza endeudarme.

•**Cierre:** ¿Fuiste a la universidad? Bien, y dime: ¿cuándo estudiabas más para el examen? ¿Cuándo quedaban seis meses o dos días? Desde luego que dos días, y es que el ser humano funciona así. Esto es lo mismo, ¿cómo vas a reunir el dinero antes? ¿Dejando una reserva y luego reuniendo el monto restante para una fecha concreta, verdad? Estando cómodo en casa seguro que no. Lo que no tiene fecha no se hace. Comprométete ahora. Démosle.

Cierre del Preso

•**Tipo de objeción:** Yo me comprometo que a tal día y hora hago el pago. Te lo aseguro.

•**Cierre:**

–Juan, ¿me aseguras que harás el pago ese día?

–Sí. Te lo aseguro.

–En Argentina tenemos un dicho: a "Seguro" se lo llevaron preso. ¿Sabes por qué? Porque era un mentiroso. No te estoy llamando mentiroso, pero si estoy diciendo que las palabras se las lleva el viento. Aquí buscamos hechos y compromiso. Y eso es el pago de reserva, así que hagámoslo ahora.

Para los que no te quieren pagar en llamada... pero prometen que lo harán.

Cierre de las buenas y malas decisiones

•**Tipo de objeción:** Tengo que hablarlo con mi novia.

•**Cierre:** ¿El dinero es tuyo o es de ella? ¿Hace cuánto estás con tu novia? ¿Dos años? Es un noviazgo serio, así que imagino que le gusta que tomes buenas decisiones. Entrar acá, ¿lo consideras una mala o buena decisión? ¿Sientes que este programa puede ayudarte a lograr tus objetivos? ¿Entonces sería una buena decisión, verdad? Y a tu novia le gusta que tomes buenas decisiones, así que démosles para adelante.

Aquí el lead busca tercerizar la decisión con su pareja o socio. ¿Por qué lo hace? Porque tiene dudas acerca del programa. Su pareja es sólo la excusa para reconfirmar sus dudas. Por ello, no tiene sentido hablar de su pareja durante cuarenta horas. Si quiere comprarse un BigMac de 5 dólares no llamaría a su esposa. Si es una buena decisión, tiene que tomarla.

Cierre del perrito

•**Tipo de objeción:** Tengo que hablarlo con mi ....

•**Cierre:** Si la decisión dependiera 100% de ti, ¿comprarías? Bien, entonces el único motivo de no comprar es que tienes que consultarlo con tu esposa, ¿verdad? Bien, ¿entonces entiendo que tienes que esperar su ok? ¿Qué crees que te va a decir?

Sí: ¿Entonces para qué le vas a pedir permiso? Vamos a quitarnos eso de encima y empecemos. Démosle para adelante.

No lo sé, es complicado: Según lo veo tienes que convencerla. Ahora bien, tú y yo sabemos lo difícil que puede llegar a ser. Así que ve con la decisión tomada. Esto es como cuando eras pequeño y querías tener una mascota. Si lo pedías, te iban a decir que no. Pero si de repente aparecías con un cachorro, el primer día tus padres se enojan. Pero el tercer día el perro es uno más de la casa. Esto es lo mismo. Si realmente quieres hacer esto porque sabes que es bueno para ti, ve con la decisión tomada. No le quedará más que aceptarlo.

Aquí ellos están muy convencidos, y no ves que tercerizar la decisión sea una excusa. Por eso el truco es que pidan "permiso" con la decisión tomada.

Cierre de "mejor 4/8 que 2/10"

•**Tipo de objeción:** No tengo tiempo para conectarme a las clases.

•**Cierre:** ¿Qué preferirías? ¿Tomar 10 llamadas al día y cerrar sólo 2? ¿O tomar 8 llamadas y cerrar 6? Como ves, no tiene mucho sentido. Vas a invertir tu tiempo en mejorar tu habilidad. Así que tienes que transmitirle eso a tu jefe. Le vas a decir que de tus 30 llamadas semanales estás cerrando 6 con valor de 10.000 dólares. Y que ahora vas a tomar 24 llamadas, pero vas a cerrar 20.000. ¿Qué crees que dirá el dueño de la empresa?

Para los closers que quieran formarse pero no pueden asistir a las clases por temas laborales. Menos horas, más dinero. ¿Cuándo empezamos?

Cierre del Pensamiento Creador

•**Tipo de objeción:** Si reservo, ¿puedo conseguir una devolución en el caso de que no consiga juntar el dinero del programa?

•**Cierre:** El pensamiento es creador, y en función de los pensamientos mayoritarios que tenés crearás una realidad u otra. Si estás pensando en hacer una reserva ya con la mentalidad de que no vas a conseguir el resto, no lo hagas, ya que nosotros solo trabajamos con personas comprometidas que quieran generar resultados. Ahora bien, si estás comprometido en conseguir la vida de tus sueños, démosle para adelante. Cuando uno está comprometido el dinero y los recursos necesarios aparecen siempre. Esto es un hecho.

La reserva para congelar el precio es un básico, pero debes brindar certeza de que el cliente conseguirá el dinero necesario. Si nada más empezar te pide garantías, tienes que dejarlo claro desde dónde está pidiendo eso.

Y, más que un cierre, el pensamiento es creador. Es real.

El cierre de tu ex

•Tipo de objeción: No estamos seguros porque ya invertimos en otro programa y no tuvimos resultados.

•Cierre: Entiendo lo que dices, yo también en el pasado tuve una ex novia tóxica, celosa y manipuladora. Y no por eso todas las mujeres van a ser así. No por una mala experiencia del pasado voy a dejar de vivir experiencias a futuro. Que hayas tenido una mala experiencia tomando un programa de este estilo, es normal. Ahora bien, nosotros te podemos garantizar que vas a tener resultados debido a nuestra estructura, soporte y experiencia en el mercado. Así que cuéntame, ¿cómo lo vas a pagar?

El método Sócrático

Aprendí esto en la asignatura de psicología clínica de la Universidad. En la Antigua Grecia, todo lo que ocurría se llevaba a debate público, y lo que se juzgaba era lo que se decidía. Por ello, debatir bien era sinónimo de poder y supervivencia. Nadie faltaba a la plaza de Atenas, así como hoy nadie falta a la final de la Champions.

Sócrates se percató que, en ocasiones, alguien podría convencer a otros de una mentira sólo por el mero hecho de debatir bien. Así pues, ideó una técnica para romper los argumentos tan bien elaborados de los sofistas (los vendehumos de aquella época). Aquí vas a aprender su técnica... y, de alguna manera, observarás que no es difícil de entender. ¿Por qué? Porque el método socrático no trata de convencerte de nada. Pero sí trata de demostrarte lo errado que estás.

Los psicólogos Albert Ellis y Aaron Beck empezaron a usar este método a los pacientes de psicología. Así, cuando un paciente decía algo, estos buscaban cuestionar sus creencias hasta reducirlas al absurdo. Imagina que voy a la consulta a quejarme de que todas las mujeres son iguales. Cualquier psicólogo podría preguntarme si eso es cierto, y evidentemente la respuesta sería no. Es obvio, pero yo en ese momento no lo veo tan obvio, y es esa creencia limitante la que me está jodiendo la vida.

¡Augusto! ¿Y cómo aplico esto en el cierre de venta?

Piensa en esas objeciones: *me parece caro, no es para mí, siento que...*

Este método no va de contraargumentar, eso es demasiado cansado e ineficiente. La mejor forma de evidenciar el acierto de un "punto de vista" es hacer que el oponente se contradiga a sí mismo y de alguna forma apruebe el "punto de vista" en cuestión.

Cuando un cliente nos dice "me parece demasiado caro" nunca está hablando de nuestro producto o servicio. Está hablando de su sistema de creencias respecto a ese producto o servicio y hacia la vida.

–¿Qué es lo que te hace sentir esto? (Si fuera más barato me lo pensaría)

–¿Por qué piensas así? (Porque no me sobra el dinero)

–¿Cuánto pensabas tú que ibas a invertir en una formación así? (1000, 1200 dólares)

–¿Cómo llegaste a ese número? (Por referencias de otros cursos similares)

–¿A ti te parece razonable ganar 36000 dólares al año invirtiendo únicamente 1000 dólares sólo una vez? (No, no lo parece)

–¿Dónde viste tú algo así? ¡¡Porque si lo conoces dímelo!! (No, no lo he visto, si supiera te lo diría).

–¿Qué crees tú que hace que nosotros podamos cobrar lo que cobramos y no otras personas? (Tenéis más experiencia en el sector y muchos casos de éxito).

–¿Cómo lo vas a pagar?

Has rebatido sus preguntas, y al final has llegado a una conclusión lógica: tu servicio no es caro.

Uno de mis alumnos me compartió un audio en el cual vendió un ticket relacionado con la formación del trading a una pareja. Lo gracioso fue que, en algún punto de la llamada, le llamaron ladrón y vendehumos. Él aprendió que, en ocasiones, rebatir es muy cansado, así que usó el método socrático.

–¡Es una estafa!

–Si eso fuera cierto, ¿crees que tendríamos tantos casos de éxito y tantos buenos comentarios en las redes sociales?

–Obviamente no.

–Así es. Y, aparte de eso, si fuésemos una estafa, tampoco estaríamos avalados por una universidad de Estados Unidos. ¿Qué universidad nos daría su aval si fuéramos una estafa?

–Sí... ¡Pero si tuvierais dinero no os dedicaríais a la formación!

–Okey, así que estás diciendo que todo aquel que se dedica a la formación está estafando.

–Sí.

–Entonces los abogados e ingenieros son estafadores. Si hicieran dinero no te estafarían (enseñarían).

–Eso no es una estafa. ¡Ellos antes ejercieron! Y por eso pueden hacerlo.

–Qué bueno que digas eso, nuestro experto se dedicó al Trading antes de formar. Y ganó dinero. Lo sigue haciendo. Al igual que todos los mentores. Así que, al igual que la Universidad, no es una estafa, ¿cierto?

–Cierto.

–¿Débito o transferencia?

¡Bendito Sócrates!

Genera urgencia y reinarás

Urgencia es el concepto que refiere a encontrar los motivos que hacen que para el lead sea algo urgente consumir tu servicio. Es encontrar el motivo que le haga hacerlo ahora y no en el futuro.

En esta línea, hay una serie de objeciones molestas: me lo tengo que pensar, no es prioridad, no es la hora de hacerlo, siento que es mejor dentro de unos meses... Estas objeciones indican cierto desinterés por el servicio. Y, si quieres que paguen un servicio High Ticket, tienes que generar urgencia.

En el mundo digital, tenemos dos tipos:

- **Lanzamiento:** Aquí la urgencia es natural, ya que el carrito sólo se abre durante cierto tiempo. Si no entras, tienes que esperar a la siguiente edición. Es como cuando tu artista favorito va a tu ciudad, sabes que si no vas ese día te lo vas a perder por los próximos años, tal vez para siempre.

- **Evergreen:** Aquí el carrito no cierra, y por eso los leads pueden comprar en cualquier momento. Como verás, esto complica la generación de urgencia. Ser closer de lanzamiento es relativamente sencillo, pero de Evergreen... aquí requieres de algo más. Por eso, estás leyendo la Biblia del Closer High Ticket.

Por este último punto, tienes que generar la sensación de que el lead se puede quedar fuera. Una llamada sin urgencia no se cierra. Si recuerdas, existen dos tipos de urgencia:

- Urgencia Externa: Bonus, descuentos, Mastermind, Regalos. Son los incentivos que te llevas por tomar acción y pagar. Si tu empresa no tiene una oferta que incluya esto, toma acción y comunica todo el dinero que están perdiendo.

- Urgencia Interna: Son los motivos psicológicos para accionar ahora. ¿Qué pasa en su vida para que este sea su momento? Si recuerdas, estas preguntas surgen en el bloque 1 de la cualificación, y no es casualidad. Si las respondes de forma específica, eliminarás las objeciones en la parte del cierre.

La generación de urgencia interna depende de vos. Tu función es mostrar lo que se está perdiendo por no entrar ahora. A veces los motivos internos son claros:

Si el lead tiene una presentación de una tesis en 20 días y quiere un programa para hablar en público, la urgencia ya está ahí. Si el verano empieza en 30 días y quiere bajar 5 kilos de grasa, también es evidente.

Pero, en general, no es tan evidente. Y es ahí donde entran las emociones y los datos específicos. Si tu empresa está en quiebra y quieres un programa de escalabilidad, eso ya debería generar urgencia, pero puede ser que el lead aún no lo sepa. Si la persona que te gusta se va a mudar de ciudad, ¿a qué estás esperando para tomar acción? Debes buscar las razones por las cuales el lead tomaría tu servicio ahora.

- ¿Por qué tomaste la decisión de presentarte hoy a esta sesión de consultoría?

- ¿Por qué ahora? Es decir, por qué hoy y no a lo mejor hace un mes o dentro de un mes.

- ¿Qué es lo que hace que sea esto algo importante y prioritario comenzar desde hoy mismo a aumentar sus ingresos, vender High Ticket, expandir su facturación y no postergarlo? Es decir, no posponerlo para más tarde, mañana, pasado, la siguiente semana, el siguiente mes. ¿Por qué es importante dar inicio a este camino y a este proceso desde hoy mismo?

Una llamada sin urgencia... ¡No cierra!

Fricción y que te toquen buenos leads

La fricción son las barreras de entrada por la que pasan los leads con el fin de estar más cualificados. Esto, en realidad, depende de las empresas. Y es muy sencillo: si tienes muchos interesados, barreras más altas (más formularios, más setters, están muy interesados, tienen poder adquisitivo, mayor nivel de conciencia...) y si no tienes muchos interesados, cualquier llamada/lead vale.

A cualquier closer le interesa trabajar en una empresa que le proporcione leads cualificados. Y, desde luego, eso depende de vos. Más fricción; más cualificación.

1. Sé un closer extraordinario: si yo le escribo a cualquier empresa, la mayoría de infoproductores del sector querrían tenerme entre sus filas. Y, además, me darían los leads con mayor fricción. Esto es solo el resultado de un proceso natural de mejorar en esta habilidad. En mis inicios, la fricción era nula y las llamadas eran prácticamente en frío. Sé lo que es vender a gente que se introdujo en un grupo de Telegram para que le regalen un ebook gratuito de hace cuatro años.

2. Apalancarse: No es casualidad que sea una de las tantas fórmulas del éxito. Apalancarse es muy fácil (si sabes cómo). Puedes comprar la formación de un profesional del sector y demostrarle lo que vales. Muestra actitud, perseverancia y garra. Si lo haces, ellos mismos te recomendarán a esas empresas. Llegar a la gente TOP sin pagar el precio no es fácil, ya que tu mensaje directo de Instagram se colará entre los cientos de mensajes de otras personas. Siempre que he visto a un referente que era mejor que yo en algo, he pagado por su energía, por su entorno, por sus enseñanzas. Y eso me ha traído un retorno a todos los niveles. Tengo alumnos que han recuperado su inversión en Five Stars a los 15 días. Pero, más allá del dinero, se llevan contactos y relaciones. La industria no es tan grande. Y en la excelencia no hay competencia. Esa es la magia del apalancamiento.

QUINTA PARTE
EL NUEVO TESTAMENTO

Por esto soy Closer High Ticket

Este capítulo no fue uno de los primeros en ser escritos, de hecho, se escribió mucho después de hablar de las etapas del proceso de cierre. El para qué de este capítulo vino por parte de mi editor, y se basó en una reflexión que intentaré sintetizar:

> *Augusto, hermano, ¿por qué siento que tienes la seguridad de que nunca te va a faltar de nada en la vida? No creo que tengas problemas económicos de ninguna clase, y si fuera así, estoy seguro de que los resolverías con un par de ventas. ¿Cómo hago para vivir de este modo? ¿Qué podrías compartir a los futuros lectores de este manual?*

Esta reflexión me hizo pensar en que era cierto. He naturalizado ciertas cosas que, quizá, no sean naturales para el grueso de la población. Hace mucho que no persigo el dinero, y por eso me llega más que suficiente para pagar mi estilo de vida y realizar distintas inversiones. Sería inexacto decir que este estado de seguridad y conciencia me lo ha dado la profesión de closer, pero sí puedo decir que ha sido el vehículo que he elegido. Sé que muchas personas no se animarían a pasar por el proceso de no tener un salario fijo, de ir a comisión por las ventas que hagan, pero quizá les ayude saber que todos trabajamos a comisión, lo sepamos o no.

¿Cóóómo?

Así es. Todos los trabajos van a comisión. Si la empresa para la que trabajas deja de vender o producir, te quedas sin trabajo. Es así de sencillo, y lo sabes. Te diré más, ¿cuántos jefes has tenido y eran idiotas? Esos idiotas podrían hacer que la empresa quebrase en cualquier momento, y no puedes hacer nada para impedirlo. La posición de inestabilidad de un trabajador parece invisible, sólo cuando le despiden se da cuenta que siempre estuvo en una cuerda a punto de caer al precipicio. Y, lo peor de todo, es que la cuerda ni siquiera era suya.

Un closer depende únicamente de su habilidad. La cuerda sobre la que transita es suya. Sí, a veces el viento puede arreciar más fuerte, pero su habilidad puede sortear. Un closer sabe que vive a comisión. Por eso, si confía en su habilidad, el miedo no puede existir. Es el empleado quién no confía en sus habilidades, y por eso tiene miedo a perder su trabajo "fijo" y su salario "fijo". Por supuesto, este empleado sabe que tiene un límite a lo que pueda ganar al mes. Es un techo pequeño y tan visible que puede tocarse con la yema de los dedos. Un profesor en Argentina gana en promedio entre 435 y 652 dólares mensuales, dependiendo del nivel educativo y la provincia. Por supuesto, lo cobra en pesos, y visto lo visto, en cualquier momento esa cifra puede descender debido a la inflación que vivimos. Quien es argentino lo sabe bien.

Un closer cobra en dólares. Mis alumnos, de media, están por tres mil dólares al mes. Si es mucho o poco, quién sabe, pero sí sé que no tienen un techo. Si mejoran sus habilidades, pueden ganar tanto como deseen. Un profesor, por muy bueno que sea, no puede cobrar más. Su comisión "fija" es la que es. Te diré más. Hace poco leí que el presidente de España en este momento tiene un sueldo de 70.000 euros anuales. En teoría, este trabajo es el más representativo de una nación, y ese sueldo "fijo" es bastante menor al de un buen closer High Ticket. Te lo puedo asegurar por experiencia propia. Y también de alumnos como David, que en dos años vendió por valor de tres millones de euros. Ahora forma a otras closers y mentoriza a empresas.

Sin embargo, y esto es algo que leerás en cada una de las historias que aborda este libro, es que la profesión te dará habilidades para vivir. Sí, porque vivir no es sobrevivir, ¿no? Pero aquí está la cosa: la mayoría de personas se conforma con sobrevivir. Por eso no se mejoran a sí mismos, por eso no cambian sus creencias. Prefieren vivir quejándose del mundo externo.

Esta profesión, así como cualquier emprendimiento, no es para todo el mundo. ¿Cuántos están dispuestos a pagar el precio de la responsabilidad? ¿Quién asume los riesgos? ¿Quién elige aprender las habilidades necesarias?

A la mierda el pensamiento positivo. Si no has respondido un sí rotundo a las preguntas anteriores, esto no es para ti. Y está perfecto, no pasa nada. Ahora bien, si sientes que tu camino va más allá y lo único que tienes es miedo, quédate. El miedo no es para siempre, pero debes atreverte a mirarlo de frente.

Los fantasmas dan más miedo de lejos.

Ahora bien, conforme te acercas, te das cuenta de que el fantasma era una sábana blanca. Vivir de las ventas da miedo, pero conforme te das el permiso, ves que no era para tanto. De hecho, era mejor. Era mejor simplemente porque antes vivías en el modo supervivencia. y desde este nivel de conciencia es complicado proyectar algo positivo en el futuro: ¿cómo pagaré la renta hoy?, ¿cómo haré esto y lo otro?, ¿qué comeré hoy?

Desde un nivel de conciencia superior, lo que se denomina un mal año es algo inalcanzable para los que viven en niveles de escasez. Cuando Messi estaba en su prime, realizaba 90 goles por temporada. En sus años "malos" hacía 60, y seguía ganando balones de oro. ¿Viste eso? Los estándares de Messi son otros. No hay lugar para la mediocridad ni escasez. Si a Messi le despidieran de su trabajo, no tardaría mucho en encontrar otro equipo. Eso es excelencia.

De hecho, hoy en día, mi objetivo es elevar el nivel de calidad y excelencia de los closers. ¿Que si esto me trae dinero? Sí, pero no estoy enloquecido por él. Tengo todo lo que necesito, y estoy agradecido por ello. No tengo que prometer lambos ni promesas imposibles. Eso me hace dormir con la conciencia tranquila. ¿Cuántos pueden decir lo mismo?

Las siguientes anécdotas te mostrarán cómo esta profesión trasciende más allá de tu economía. Un closer High Ticket no sólo gana dinero, sino más bien, emprende un camino de autoconocimiento y, después, lleva todo ese trabajo interno a todo ámbito de su vida.

Si comprendes esto, te pasas el juego.

Así recuperé 8800 dólares en 9 minutos de llamada

Las mejores ventas de mi vida no se basaban sólo en dinero. En realidad, nunca es sólo el dinero. Hace algunos años, el CEO de una empresa de Dubái (Alexis Bautista; quien ha escrito uno de los prólogos de este libro) me contrató para formar a su equipo de veinte closers. El objetivo era escalar la empresa al millón de dólares mensual. Era un verdadero reto.

El CEO, que se convirtió en un gran amigo, envió por error nueve mil dólares a la wallet de un closer al que acababan de despedir. Ese dinero era para pagar comisiones al resto de closers que sí estaban en plantilla. Cuando el equipo directivo y algunos compañeros trataron de avisarle amablemente, su respuesta fue la siguiente:

–En el mundo cripto funciona así. Si te equivocas de Wallet, lo pierdes. Si pierdes la contraseña, lo pierdes —dijo con chulería.

La cosa fue poniéndose más fea, y las respuestas de este empleado, al que llamaremos Fulanito, iban siendo más cortantes y descaradas. Es ahí cuando decidí intervenir y le llamé.

–Fulanito, ¿por qué no lo estás devolviendo?

–Ya lo sabes, esto es cripto. Si te equivocas de wallet, pierdes tu dinero. A mí también me ha pasado.

–Sí, brother. Entiendo que esto sea cripto y cuando te equivocas de dirección con alguien que no conoces, el dinero se fue. Ahora bien, acá sí tú sabes quién te lo está enviando. ¿Vos sos argentino, cierto?

–Cierto.

–¿De dónde eras? –pregunté.

–Mendoza.

–Qué bien. En Mendoza, al igual que acá en Buenos Aires, de joven jugabas un montón al fútbol como todos los argentinos, ¿verdad?

–Claro.

—Y te ha pasado alguna vez de estar jugando en la calle, me refiero a esas calles donde ponemos unos ladrillos de arco, y de repente pateas y la pelota cae en casa de tu vecina. Esa vecina hinchapelotas, molesta, cabrona...

—Claro. Se llama Doña Rosa.

—Épico. Entonces, ¿cuándo caía la pelota en casa de Doña Rosa, de quién era la pelota? Que la pelota cayera ahí no significaba que la pelota fuera de ella, ¿cierto? Sabes que la pelota es tuya, así que pretendes que te la devuelva, ¿cierto?

—Es verdad —me dijo sin dudarlo demasiado.

—Pues acá es lo mismo. El dinero cayó en tu cuenta, pero ese dinero no es tuyo. En realidad es de todos tus compañeros. Al igual que esperabas que Doña Rosa te devolviera la pelota, nosotros estamos esperando a que devuelvas el dinero.

Como ves, acá no estaba vendiendo ningún producto o servicio, sino más bien vendía la idea de ser coherente. No se puede conseguir nada gritando, y un closer lo sabe bien. Fíjate también en todos los "sí" que busqué: ¿vos sos argentino, cierto?, ¿jugabas a la pelota en la calle?, ¿te pasaba que tenías una vecina cabrona...? Esas olas de "sí" le predispusieron a la decisión de devolver el dinero. Además, fui a un recuerdo familiar y lo usé para demostrar que la injusticia no funciona. Y, de igual manera que a él no le gusta sufrirla, tampoco debería perpetrarla.

En la llamada, descubrí la verdadera causa del enfado y chulería de este empleado, y es que le habían despedido sin miramientos, algo que él interpretó de descortés. Él sólo se estaba vengando de la empresa.

—Pero no he ganado apenas nada... —me dijo.

—¿Eso crees? ¿Sabes cuánto cuesta mi formación? Suelo dar tres a la semana a los alumnos de mi academia. Vos tenías cinco. ¿Vos sabés cuánto vale entrar a mi información?

Cuento corto. En 9 minutos me dio 8800 dólares. Cada minuto gané mil dólares. ¡Y no vendí ningún servicio!

Pero sabía vender, y sé lo que las personas necesitan escuchar. En este caso, Fulanito sólo quería ser escuchado. Y 9 minutos fueron suficientes.

Así salvé a mi mejor amigo de la prisión

Hace un par de años, viaje hacia Cancún por motivos laborales con uno de mis mejores amigos y socio. Como conocimos a un par de argentinos por la zona, salimos una noche de fiesta. Si te digo la verdad, pasé toda la noche con la sensación de peligro. Si has salido una noche por esta ciudad, quizá sepas a lo que me refiero. Si no es así, tal vez creas que soy alguien miedoso.

En algún momento, perdí de vista a mi mejor amigo. Al rato, recibo su llamada:

Ven ya. Me paró la policía. Si no pago el rescate me llevan preso.

Para que os hagáis una idea, esta persona es de las más seguras que he podido conocer en toda mi vida, y escuchar cómo su voz se rompía en un llanto era de lo más extraño. Además, ¿qué había hecho para estar tan asustado? Ni siquiera es capaz de romper un plato, ¿cómo narices iba a ir preso?

Fui rápidamente a su ubicación, a no más de un par de cuadras. Mi amigo estaba rodeado de un par de policías fornidos con cara de muy pocos amigos. Entonces, supe que no sería fácil, pero también supe que tenía la habilidad de cerrar esa venta.

–¿En serio se lo van a llevar preso? –pregunté nada más empezar–. Si te lo llevas preso, te aseguro que me lo devuelven mañana. ¡No sabes cuánto habla este tipo! No para de hablar, no te conviene.

Los guardas quedaron sorprendidos. No esperaban que un argentino se comportara con esa confianza. Al parecer, habían detenido a mi amigo por orinar en una esquina de la calle. Al parecer, en Cancún era delito penal.

–*12000 pesos mexicanos o va al calabazo común con los demás reos* –dijo el guarda con cara de malo–. *Y como estamos a viernes, hasta el lunes no habrá juicio. Tendréis que pagar a un abogado para que lo defienda, por lo cual puede estar más de una semana preso, y te saldrá más caro. Al menos 40.000 pesos. ¿Sabes cómo son las cárceles acá?*

–*Escúchame* –le dijo sin perder la confianza–. *Recién venía caminando hacia acá, y vi cómo una muchacha gritaba que le robaron el iPhone, acá en la otra cuadra. ¡Esos son los delincuentes que tienen que perseguir! Pero bueno –dije aflojando, entiendo que es su trabajo y no me voy a meter. Cuéntame, ¿cómo lo podemos arreglar?*

Como ves, apliqué cierta empatía para luego dirigirlos a mi punto. No me habría servido gritar ni quejarme, pero tampoco habría servido que me arrodillara implorando la liberación de mi amigo. Cuando se dice que la vida es una venta se refieren justamente a esto.

–12.000 pesos mexicanos (700 dólares).

–Llévenlo a Guantánamo cinco años. Somos argentinos, y sabes cómo es la situación. No somos alemanes ni ingleses. Con esa cantidad que pides me compro una mansión en mi país. Sólo queremos terminar la noche, sin conflictos.

–¿Cuánto puedes?

–Lo que tengo ahora son 1500 pesos.

–Es poco –objetó.

–Es algo. Si te lo llevas preso, no ganas nada. Se lo llevará el abogado eso sí, pero no vosotros. ¿Qué tal si mejor queda entre nosotros, sí?

Y no hubo más que decir.

Así me salvé de morir asesinado por unos narcos

Esta anécdota fue algo traumática para mí. De hecho, tardé un tiempo en digerirla y comprender que, sin mi habilidad y confianza, ahora estaría enterrado en algún descampado de Cancún. No tienes que creerme, pero sí sería interesante que te empaparas de la importancia del autoconocimiento. En ese momento fue cuando de verdad advertí el trabajo interno tan potente que llevaba. Un closer promedio no trabaja en su desarrollo personal. Sin embargo, yo, como closer High Ticket, estaba obligado a hacerlo. ¡Menos mal!

La expareja de un gran amigo venía teniendo problemas mentales relacionados con la bipolaridad. Un día cualquiera, entró en una cólera tal que estuvo a punto de suicidarse, no sin antes romper todo lo que encontraba en la casa. Nunca había visto un ataque de nervios de ese estilo, así como nunca había visto que nadie tuviera la convicción de tirarse por una ventana.

Pero la situación aún podía empeorar.

Llamamos a un hospital psiquiátrico con el fin de que la trataran, ya que no había nada que nosotros pudiéramos hacer para amainar ese brote. Cuando llegaron los médicos y vieron el panorama, se llevaron a la chica de urgencia. Como teníamos que cargar nafta, los médicos se fueron adelantando y nos dieron la ubicación del lugar.

El sitio estaba a media hora de viaje. Al llegar, el sitio parecía una favela sacada de Brasil. Como eran las 12 de la noche, la oscuridad era casi completa en las calles. Aún recuerdo la energía densa que se respiraba en ese ambiente. Cuando llegamos al centro, la pareja de la chica entró a la clínica y volvió a salir a los pocos minutos.

–*Esto es muy turbio. No pienso dejarlo aquí. Parece una especie de secta. Es todo tan… raro. Voy a sacarla. Quedaros aquí. Si no salgo en diez minutos, llamad a la policía.*

Pensándolo bien y en retrospectiva, ese centro ni siquiera era un hospital. Simplemente fue la primera búsqueda que salía en Google. Es el mal del turista, supongo. Aquello era un paredón.

Yo me quedé en el coche con dos personas más. Se respiraba ansiedad, miedo, incertidumbre.

Entonces aparecen cinco motos como salidas del infierno. Ponte en contexto. Estábamos en un pueblo que no conocíamos de nada, frente a un paredón abandonado y en una noche tan oscura como turbia. No había escapatoria alguna, pues ni siquiera teníamos las llaves del auto.

Y luego estaban ellos, con cadenas, esposas y armas completamente visibles. De hecho, uno de ellos, un niño de no más de doce años, tenía una pistola en la mano. No dejó de apuntarnos en ningún momento. Por si fuera poco, varios de ellos llevaban las caras tatuadas al estilo de las maras en El Salvador.

–*Bajad del coche.*

No nos resistimos. En un primer momento, se me pasó por la cabeza que sólo querían robarnos, pues me pidieron que les enseñara el móvil. Después de sacarlo del bolsillo, me obligaron a desbloquear la pantalla y enseñarles las conversaciones de Whatsapp y los mensajes.

–*¿A qué te dedicas?* –preguntó uno con pistola–. *¿Y qué hacéis por aquí?*

Mi corazón latía con una fuerza brutal. Por la cabeza pasaron miles de cosas, mentir, huir, llorar, gritar, arrodillarme... Pero respiré y elegí contar sólo la verdad. Les conté que era closer, y que normalmente solía vender cursos relacionados con el desarrollo personal. El interrogatorio duró varios minutos, y yo respondí sin dudar. Con firmeza.

–*Entendido. Quédense tranquilos* –dijeron–. *Somos los guardias de seguridad acá de los narcos. Nos enviaron la foto de un coche sin identificar, y pensábamos que erais de una banda rival.*

Esa venta, la de mi inocencia, me salvó la vida. ¡La vida es venta! Al tiempo, un amigo, al que llamaremos por su inicial, J, me dijo que él había visto a los moteros a través del retrovisor. Dijo que pensó en abrir la puerta y salir corriendo.

Todos supimos que si hubiera hecho eso habría muerto. Y nosotros con él. ¿Cómo demuestras tu inocencia después de eso? También supe que si mis respuestas hubieran estado teñidas de preocupación o miedo... Pero no fue el caso. Generé conexión y les conté la situación tal como era.

Al final incluso hasta nos dieron la mano.

Asumir el éxito

Para el año 2020 me dedicaba a enseñar los principios de la seducción. Como ese año ocurrió la pandemia, no podía realizar dinámicas sociales con mis alumnos. Cuando poco a poco fueron eliminando las restricciones, organicé una salida con varios alumnos de la zona. Llevaba meses dando mentorías, así que sentí que tenía la obligación de demostrar mi valía, mucho más delante de mis alumnos.

Esta noche no me iré a casa solo.

Para ser sinceros, saqué el modo ametralladora por toda la Plaza Serrano. Lo intenté de todas las maneras posibles, pero no tuve éxito. En ese entonces, a altas horas estabas obligado a circular o quedarte en casa, así que imagínate el panorama. Todos mis alumnos y amigos se fueron a casa, y tenían la disposición de dejarme en la mía.

–*No* –les dije–. *Voy a pulear*. Sí o sí.*

–*¿Qué te hace pensar eso? Vete a casa ya.*

–*No tengo ninguna duda.*

Entonces me quedé a las dos de la mañana en el Parque de las Heras cual depredador. No había nadie. Fíjate la insistencia que tenía que, cuando me di cuenta y tras mil vueltas por el parque, vi cómo las personas empezaban a prepararse para ir a trabajar.

–*Por lo menos me voy a comer un BigMac.*

Mi casa estaba a la vuelta de la esquina, pero decidí tomar el camino largo, no vaya a ser que encontrara a alguna chica. Entonces, a mitad de cuadra, la chica estaba sentada en un portal a las 5 de la mañana.

–*¿Estás bien?* –le pregunté.

–*Sí* –me dijo. Tenía un iPhone en la mano y en sus orejas colgaban unos auriculares.

[*Pulear: llevar a alguien de un lugar a otro casa, hotel, se usa en el micronicho de la seducción.]

–¿*Segura?* –le volví a preguntar.

–*Sí* –me dijo con una gran sonrisa.

–¿*Qué haces acá?* –dije mientras me sentaba a su lado–. ¿*Cómo has terminado acá?*

–*Espero a que amigo me abra la puerta de casa. Está ocupado con su pareja.*

–¿*Cómo te llamas?* –pregunté–. ¿*Valentina? Si yo era nena, mis padres me habrían llamado así. Pero bueno, nací con algo entre las piernas entonces me llamo Augusto.*

Cuando la generación de química ya era un hecho, dije lo siguiente:

–¿*Te gusta más el Vodka o el vino blanco? (Aquí apliqué la técnica de la doble alternativa).*

–*El vodka.*

–¿*Y qué prefieres, tomarlo en un sofá, en un balcón o una terraza con lindas vistas? (doble alternativa)*

–*El balcón.*

–*Vale, entonces del 1 al 10, siendo 1: prefiero quedarme acá muriéndome de frío esperando que mi mejor amigo termine de tener sexo con su novio o siendo 10 me voy a tomar el mejor vodka del país en un balcón muy bonito teniendo una linda conversación de la vida. ¿En qué número estás?*

Dudó. Y yo vi la duda.

–*Te lo diré de otra forma. Siendo 1 soy un acosador al que esperas que la policía me lleve preso o siendo 10: vamos a mi balcón a escuchar música de chill.*

–*5.*

–*Con esa nota ya estás aprobado en la Universidad de Buenos Aires. Pero a mí me gustan las buenas notas, ¿cómo hacemos para que eso suba a un 8 o un 9?*

–*Apenas te conozco.*

–¿Entonces si me conocieras un poquito más estarías más segura? ¿Si te muestro mis redes sociales y ves quién soy subes esa nota?

Ambas respuestas fueron afirmativas. Estos son los que llamamos cierres condicionados. Cuando le mostré la información, se vino a mi casa. Es sencillo, si sabes cómo usarlo.

Más allá de lo que pasó esa noche, quiero que entiendas la extrema confianza que tenía. Antes de salir, había dejado mi casa preparada. Había dejado las luces puestas, la música puesta, las cosas en orden.

–¿Vos la tenías reclara, eh? –me dijo ella.

Un closer High Ticket asume la venta incluso antes de hacer la llamada. Y como haces una cosa en la vida, lo haces todo.

Si este libro te está aportando, hazle una foto al párrafo que más te haya hecho reflexionar y compártelo con el mundo. Si me etiquetas, estaré contento de compartirlo también.

La prima y la pizza

En una de mis salidas nocturnas en México, recuerdo emplear uno de los principios más claves: busca la objeción de las objeciones y dale al lead lo que quiere. En este caso era una pizza. Y sí, ahora leerás por qué.

La película era la típica, mi mejor amigo había hecho buenas migas con una mujer originaria de Guatemala, y yo me quedé a solas con las dos amigas de ella. ¿Cuál es el problema?

Que a mí sólo me gustaba una de ellas. La otra, la prima, estaba ahí como ese relleno molesto que trata de evitar que la noche discurra, ya que sabe que ella no va a jugar. Por ello, quizá, trató de que nadie aquella noche jugara su partido.

Para empezar, el local en el que nos encontrábamos estaba a una hora de donde nos hospedábamos. Si tienes cierta experiencia, sabrás que eso es una objeción grande: a mayor distancia mayor complejidad. Además, nosotros éramos unos argentinos en un país extranjero, por lo cual en las mentes de ellas entraba la posibilidad de que fuéramos mala gente.

–Ustedes no pueden vincularse por más de 10 minutos con un argentino y no tomar ni mate ni fernet –les insistimos.

–Nos han dicho que no nos vayamos con extraños –recordaba la prima de relleno–. México es muy peligroso.

Pero nuestro marco de autoridad fue implacable y brindamos una certeza obvia: no íbamos a robarlas ni a drogarlas.

La chica de Marcos y la mía ya habían comprado la idea, pero la prima de relleno seguía en sus objeciones. Busqué en mi mente el verdadero motivo que pudiera resolver la objeción, ya que mi mejor amigo ya había ganado su propia partida. Como ya sabes, el mundo siempre te está dando oportunidades para que lo uses a tu favor. Así pues, al salir de la discoteca y de camino al bus, vi la solución.

–Tranqui, vamos a pasarla bien, son las dos de la mañana, vamos a charlar un rato y a disfrutar. Somos demasiado jóvenes para dormir. Por cierto, ¿te gustaría comerte una pizza? –pregunté señalando a la parrilla

de la calle.

La prima de relleno sonrió. Su objeción era la de que, por su elevado peso corporal, ninguno de los chicos se fijara en ella. De ahí que su objetivo personal fuera joderla.

Cuando me senté en el autobús, me senté con la prima de relleno, después de todo era la única que no había comprado, y le dediqué toda mi atención. La escuché y casi, de alguna manera, nos hicimos amigos. Eso sí, no se le ocurrió compartir un pedazo de pizza.

Al llegar a casa, la prima de relleno se quedó en el salón. Sin molestar. Ella ya era feliz. Se había dejado vender la idea de que, hacerse a un lado, era lo mejor.

Y sólo me costó una pizza y una hora de atención.

SEXTA PARTE
MATANDO LA LIGA

Matando la liga de los "mentores" de closers

Esta sección es para vosotros, mentores de closers/vendehumos-alquila-coches. Ni siquiera hacéis vuestra plata trabajando de closers, sino con vuestra formación acerca de cómo ser closers. Vender tu propia formación no es lo mismo que cerrar ventas para un tercero. No es el mismo nivel de complejidad. Por otro lado, yo mismo tengo mi propia academia, pero tengo la responsabilidad moral de ser congruente. Por ello, y aunque no lo necesite, sigo closeando para otros. Me sirve para mantenerme fresco y mostrar el material a mis alumnos. A mí esto me parece básico y, sin embargo, no es lo que se ve.

Estos vendehumos-alquila-coches son virales y generan plata mostrando un lifestyle elevado. Aquí leerás cómo diferenciar a un mentor de verdad de otro falso. Pero, ¿por qué son tan seguidos estos mentores?

Para mí se debe al contexto político y social que se da en el mundo, aunque aquí me centraré en Argentina.

1.Los sueldos miserables y la inflación.

> Mi madre es jueza y mi padre profesor. Y, sin embargo, sus sueldos son miserables. Más allá de la tensión diaria de estos trabajos, cualquier closer decente ganaría más en una semana que mis padres juntos. Esta es la realidad. No tiene sentido, lo sé, pero es el mercado.
>
> Por otro lado, cuando fui a tomar mi primer curso en agosto de 2019 a España, el dólar estaba a 36 pesos. Un mes después, el dólar estaba a 65 pesos. ¡Una locura! Poco después subió a 80. Y entonces empezó el Covid. Pasó a 100. Arrancando 2022, subió a 350. Y terminó en 400. En 2023 subió a 500. En dos meses, y tras la incertidumbre de las elecciones, subió a 1200. Lo peor de este ejemplo es que es real, y que he tomado como referencia agosto de 2019. Antes de eso, el dólar estaba a 18 pesos.
>
> Todo el mundo sabe que el verdadero negocio es ganar en dólares. Ganar en pesos es ver cómo año tras año tu poder adquisitivo disminuye.

2. Bajo nivel educativo:

Las pruebas PISA no mienten. Cerca del 80% de los argentinos que terminan la prepa, no tienen la capacidad de comprender un texto medianamente complejo. Mi padre pidió a sus alumnos que elaboraran una línea de evolución del ser humano. Cuando recogió los trabajos, no se sorprendió cuando le trajeron una línea empezando desde el humano moderno, y no desde la prehistoria. Quizá esto te parezca gracioso, pero puedo seguir. ¿Recuerdas Dragon Ball Z? Pues ahora existe Dragon Ball Kai, con 132 episodios menos, no vaya a ser que los jóvenes se aburran de tanta información y diálogo.

Todo este contexto socioeconómico orienta a los jóvenes a la obtención de recompensas rápidas. No les da, literalmente, la cabeza para más. Vivimos en una generación con miedo a decir que nos gusta leer.

Entonces estás en cualquier red social y te sale un mensaje: "Lo único que tienes que hacer para generar 4000 dólares al mes es responder mensajes por WhatsApp".

El joven que escribe hola sin "h" lo lee y piensa: "Claro que sí".

Pero closers del futuro, tened en cuenta los siguientes puntos cuando elijáis a vuestros futuros referentes:

1. Que tu referente muestre testimonios públicos:

Sí, sé que el mentor al que sigues ha generado 400k en un lanzamiento. Ahora bien, usa las matemáticas del éxito. Si cada ticket que vende son 1000 dólares, eso quiere decir que tiene 400 clientes. Si el programa fuera bueno, un 60-70% serían casos de éxito. Si fuera normalito, un 50%. Así que, ¿dónde están los 200 testimonios? Este caso que estás leyendo es real, y cuando revisé los testimonios, solo había dos. Matemáticas extrañas, ¿verdad? ¿No es raro que 398 personas no hayan compartido sus resultados? A la gente con resultados le encanta compartir su crecimiento, ya sea para ganar visibilidad, como agradecimiento o para demostrar a su familia y amigos que no estaba equivocado.

Si la gente supiera de estas matemáticas, el 90% del mercado se cae. Si buscas a un referente, comprueba que sus testimonios sean de resultado (y no sólo un pantallazo de Whatsapp con el nombre y cara tapado). Observa el proceso completo del alumno que pasó de ser un empleado de Uber a ganar más de 3k al mes. Observa al joven que pasó de una tasa de cierre del 3% al 30%.

Esto último te demostrará que el referente sabe enseñar. Maradona fue único jugando al fútbol, pero como entrenador dejaba mucho que desear. La dieta que te funciona a ti no tiene por qué ser la de tu alumno. Enseñar requiere otro nivel de maestría.

Sin casos reales de éxito no hay nada. Puedes mostrar tu lifestyle millonario, pero eso no es real. A largo plazo, sólo la reputación intacta te mantendrá en el juego.

2. *Se quejan de la formación reglada o de la Universidad.*

Te dicen que un profesor que nunca ha hecho una empresa no puede enseñarte a montar una. Pero ellos enseñan a closear sin ejercer la profesión. Mis llamadas están ahí, para mis alumnos. Semana tras semana. Y no se trata de vender a Augusto Bianchi o a Five Stars, sino a otros. Sólo así puedo mantenerme en el juego y seguir aprendiendo. Sólo así me atrevo a analizar las llamadas de mis alumnos, solo así veo cada falla, ya sea en los tiempos verbales, en los gestos... sólo busco la excelencia.

Y la excelencia es un proceso que los niños rata nacidos de la dopamina instantánea no pueden tolerar. Menotti, entrenador de la Argentina campeona del mundo, decía lo siguiente:

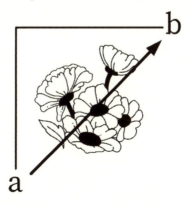

En diagonal llegarás antes, y acabarás con todas las flores del camino. Sin embargo, lo correcto es respetar el proceso, sin lastimar, sin mentir, con coherencia.

3. *La formación es superficial.*

La formación es como ellos. No puede ser distinto.

Bilardo estaba loco, pero era un apasionado por lo que hacía. Levantaba a sus jugadores por la noche para preguntarles si recordaban a qué jugador tenían que marcar al día siguiente. Cuando el jugador, dormido, respondía correctamente, él se quedaba tranquilo.

4. *Muestra contenido real y de valor:*

El lifestyle está muy bien, pero ¿dónde están las llamadas de venta? Hay algo que se llama Youtube, y permite subir vídeos largos. No solo tus Highlights. Si ni siquiera suben sus buenas llamadas, no quiero imaginarme las malas. Cualquiera puede entrar en Youtube y ver decenas y decenas de horas de mis llamadas, además de algunas conferencias y vídeos formativos. Sin filtros. Sin cortes. No te dice cómo cerrar. Lo hago y te lo muestro. No hay trampa ni cartón. Hay pruebas.

5. *Ha trabajado para diferentes mentores y sectores.*

Si eres closer de Pepito, tal vez vendías porque la oferta era inigualable. Pero si trabajaste para distintos referentes y sectores, y aun así tu tasa de cierre es alta, entonces no hay duda, eres bueno. Esto es a lo que llamo preselección. Y esto da credibilidad. ¿Por qué deberías ignorar esto?

Lo que Grant Cardone, Jordan Belfort y Cole Gordon no podrán enseñarte nunca...

Quiero aclarar que son verdaderos referentes y, todavía así, sus enseñanzas no se aplican del todo en América Latina. Tal vez, ellos no hayan hecho un Zoom con un muchacho en Bolivia que tenía un Samsung del 2014, o con un padre cubano de familia al que se le caía el techo de casa, o con una madre hondureña que no sabía que daría de comer a su hijo.

En Estados Unidos un empleado de McDonald puede pedir un préstamo o tiene contactos cercanos que pueden ayudarle para adquirir el servicio que le ofreces. Tienen mecanismos de apalancamiento, es decir, tienen dinero. Otra cosa es que no quieran gastarlo en tu servicio.

Otro aspecto es que los americanos aman comprar. Son consumistas por naturaleza. Hace poco fui a comprar un par de cosas a una farmacia en Argentina:

–¿Podría darme unas gotas de los ojos?

–Dame el más caro.

–¿Estás seguro? ¡No digas eso! ¡Este es más barato!

En Estados Unidos la gente ama comprar. No, ama gastar. ¿Has ido a un evento de Tony Robbins? Normalmente, asistir a uno de sus eventos puede costar en torno a 10.000 dólares, entre la entrada, vuelos y alojamiento. Aunque vendan que son cuatro días, el último día se dedica a la venta de otros servicios. Esta imagen es bastante indicativa, pues observé que los americanos se lo pasan como niños: véndeme más, Tony, véndeme más. ¡Quiero más! ¡Dame más!

Y, por otro lado, están los latinos: yo he pagado por cuatro días de eventos, ¿por qué ha dedicado el último día a vender? ¡Qué horrible!

Muchos creen que Tony Robbins es un vendehumos. Un hombre que se ha reunido con el Papa y con presidentes de múltiples países.

Los americanos no son como los latinos. Y eso es un hecho. Los latinos ven un pecado gastar dinero. Y, en ocasiones, la objeción de "no tengo dinero" será real. Si no fuera real, no se les caería el techo encima.

Lo que el lobo de Wall Street nunca podrá enseñarte: la venta ética

De corazón, ¿crees que esa persona necesita un plan nutricional? Y si es así, ¿eres la persona correcta para ofrecérselo? Estas respuestas las tienes que tener claras. Si no es así, es muy probable que la ética no sea importante para ti.

Y ese es el gran problema en la industria.

Vende a la gente lo que necesita. Vende a la gente lo que es.

El juego del marketing se ha convertido en prometer mucho y no dar casi nada. O lo que es lo mismo, prometer más de lo que puedes dar. Conozco los nombres completos de mis alumnos que generan más de diez mil dólares al mes como closer. Y, sin embargo, no puedo prometerte en mis ads que te enseñaré en 8 semanas a ganar 10k al mes. Sé que algunos alumnos lo conseguirán, pero no la mayoría. ¿Para qué iba a prometer esto? ¿Podría dormir tranquilo? Bueno, ganaría cuatro veces más. Pero sólo eso.

He visto competidores en la industria que prometen que, si no facturas cierta cantidad en x meses, te devuelven el dinero. Por supuesto, no lo hacen, y se ven obligados a cerrar los grupos de Whatsapp por la oleada de críticas.

Si lo que vendes no contribuye a un bien mayor, eso es dinero triste. Y esto a largo plazo tiene consecuencias a todos los niveles. Llámalo karma. Te aseguro que Pablo Escobar no era feliz. ¿Por qué? Porque lo único que hizo en su vida fue generar dinero triste; manchado de sangre. ¿De qué sirve eso? Cristina de Kirchner ni siquiera puede andar por la calle en solitario. ¡Locos por la plata!

Como diría Ken Honda, si quieres ser feliz, sé ético. Si quieres ser un vendehumos, promete falsedades. Una persona bastante famosa en la industria, promete que con su curso ganarás 4k al mes aprendiendo a ser Setter.

—¿Hubo algún alumno que hizo eso? —le preguntó un buen amigo.

—Sí, un setter. Una sola vez. Y solo durante un mes hizo 4k.

Este personaje en su academia tiene a mil alumnos hace un año, por lo cual, de doce mil intentos, sólo uno de ellos consiguió ese resultado... y ¡sólo durante un mes! No estoy diciendo que el curso esté mal, pero la promesa es una farsa... Pero claro, si cambia la promesa vendería menos...

Y, en realidad, la responsabilidad no está sólo en los infoproductores. ¡Niños de 20 años! ¿Qué desesperación tenéis por facturar un millón lo más rápido posible? ¿No os quedan acaso 80 años de vida?

La ética no es negociable. La ética, en realidad, es sinónimo de abundancia.

Por qué alguien que nunca fue closer no puede enseñarte a ser closer por muchos coches que alquile para sus anuncios

O por qué es distinto vender para sí mismo que para otros. Odiadme, pero sabéis que esto es cierto. Te daré cinco razones.

1. *El marco de autoridad y el respeto ya se presupone:* cuando vendía para Álvaro Reyes, la gente esperaba ver a Álvaro en la llamada. Y, de repente, aparecía un argentino que nunca habían visto. En esos primeros minutos tienes que generar el marco, y eso no pasaría si vendieras tu propio producto. No sé cuántas veces me han dicho frases de: ¿quién eres tú? ¡Yo quiero hablar con Álvaro! ¡No hablaré con un argentino! Y, de pronto, aparecer Álvaro en la pantalla y decir: ¿cómo vas a pagarlo? De pronto se calmaban y compraban. No querían decirle "no" a su referente e ídolo. Esa es la magia de vender para uno mismo.

2. *El lead ya te conoce:* Ha visto cientos de reels de tu hija y tus cuatro perros (Milton Friedman, Murray Rothbard y Robert Lucas). Sabe dónde vives, a qué lugar vas de vacaciones y tu alimentación favorita.

3. *El lead puede llegar a sentir admiración al hablar contigo.* Cuando vendo mi academia a título personal, el lead entra a pagar por lo general. Si la vende otro de los miembros de mi equipo, ahí entra todo el proceso de cierre. Es así de simple.

4. *Ahorro de objeciones tontas:* ¿cómo sé que tú trabajas para esta empresa? ¿Cómo sé que no eres un estafador? Cuando vendes para ti mismo el lead confía en tus garantías, por lo mismo, ya te conoce.

5. *Personalización de la Oferta:* si vendes para ti, puedes aplicar las cláusulas y garantías con total libertad. Puedes cambiar la forma de entrega, el día, la hora, la promesa... "Si te prometo que vas a ganar x cantidad en un mes, y si no lo haces no me pagas, ¿te quedas?".

El closer ha de ser mucho mejor vendedor que el experto a quien representan. ¿Cuánto más? En mi experiencia, para vender lo mismo que el experto tengo que tener el doble de habilidad.

Perspectivas de futuro del Closing

La Inteligencia Artificial puede resolver objeciones. Es un hecho. Sin embargo, nunca podrá comprender la psicología que hay detrás, así como tampoco puede brindar ese toque de certeza y calidez humana. El caso es que hay closers que tampoco comprenden esto, y por lo tanto serán fácilmente reemplazables.

Mientras exista el miedo, las empresas requerirán de un closer que ayude a los leads a tomar la decisión de compra. Más allá cuando hablamos de tickets de un valor elevado.

Bajo mi punto de vista, el futuro de los closing orbitará en cuatro puntos. Si no eres consciente de esto, el mercado te barrerá.

1. *El closer migrará a la profesionalidad:* Hoy por hoy todavía tenemos empresas que confían en sus hermanos o cuñados para llevarles los procesos de venta. No tienen ninguna intención de mejorar su habilidad de cierre, así como nunca han tomado ni una mísera formación. Creen que el 15% de tasa de cierres es una buena tasa. Creen que con el carisma vale, y por eso obvian la generación de urgencia, la autoridad o la cualificación. Tampoco saben distinguir a un lead narcisista de un evasivo. Ni que decir que no comprenden el significado de las objeciones. El cierre de ventas dejará de ser una tarea más.

Piénsalo. Hace pocos años ni siquiera había closers. En realidad, tampoco había setters. Ahora tenemos no sé cuántos tipos de setters: Inbound Appointment Setters, Outbound Appointment Setters...

Hace siglos, el médico era generalista. Trataba tanto dolencias físicas como cognitivas. Hoy en día todo el mundo vería como una locura que el doctor que te opera la nariz te ayudara en un proceso psiquiátrico. Ahora tenemos médicos para el corazón; para el intestino, para los riñones, para los ojos... y dentro de los ojos hay subramas y nichos. Yo mismo voy al oftalmólogo experto en lentes de contacto esclerales. ¿Por qué? Porque necesito unas gafas personalizadas que simulen el relieve de mi ojo. Cuando mi ojo, en un par de años, se desplace unos milímetros, necesitaré otras. Esto es especialización. Esto es específico. Esto se paga.

Fui contratado por mi primera gran empresa por mi actitud. Hoy en día nadie contrataría por "buena energía", sino que iría a una academia de closers para preguntar por alumnos profesionales. Sólo estos recibirán buenas comisiones; el resto serán commodities reemplazables.

2. *Más ético:* se acabaron los lobos de Wall Street. Hoy más que nunca las personas compran a personas. Y, dado que el nivel de conciencia de la humanidad se va incrementando, todos tenemos un interés por el desarrollo humano. Ampliaremos este punto más adelante.

3. *Más auténtico:* Piensa en ese orador en traje con una dicción perfecta y ritmo pausado. Ese orador ha aprendido en las mejores universidades cómo desenvolverse en el escenario... ¿Te quedarías a escucharlo? La verdad es que no. Los tiempos y los guiones han cambiado. Romper el patrón es la nueva normalidad. Ser uno mismo es esencial. Tony Robbins aprendió de Jim Rohn, pero no se parecen en nada. Cada uno es distinto. Cada uno es auténtico a su manera.

Construye autoridad y multiplica tus cierres

Si eres closer de un influencer fitness como Llados, no puedes ser un beta con panza y mileurista. No es que yo tenga algo en contra vuestra, sino porque no representa a la imagen de marca. Así como no puedes ser embajador de Gucci y luego hacer la llamada de venta con el chándal del Boca. No es coherente, lo mires por donde lo mires.

Ahí empieza la autoridad, pero luego, durante la llamada, tienes que construir autoridad para ti; para tu empresa y para el servicio que ofreces. Cuando un speaker es presentado, siempre se tiende a edificar sus logros, con el fin de que el público entienda quién es y por qué tiene la autoridad de impartir un discurso. La edificación es construir certeza. Y el lead tiene miedo a tomar la decisión incorrecta, así que más te vale sacar a la luz el curriculum. Y esto se hace a lo largo de la llamada, aumentando poco a poco la percepción de valor.

Como closer eres la mano derecha del mentor que ha facturado ochenta mil billones de euros y que ha ideado el servicio definitivo para pasar de punto A al punto B. Si te digo que mi mentor es Paquito, y el lead es frío, ¿qué ocurre?

–Paquito es el mayor experto en habilidades de venta de habla hispana. Lleva 15 años de carrera. Y ha vendido más de 100 millones. Además de liderar equipos de venta de los mayores referentes en la actualidad. ¿Conoces a Tony Robbins? ¿Sí? Pues él se ha formado 7 veces con él. Y con ese. Y con aquel. Y con el otro más grande. Ha escrito libros. Ha hecho giras. Que tiene miles de alumnos online...

Ahora, de pronto, los 3000 dólares del producto no parecen caros.

Tengo la responsabilidad ética de vender(te)

La ética de la venta, la conciencia detrás del acto. Esto entra en el proceso de cualificación para diagnosticar si puedes ayudarla o no. Si no usas esto con este fin, estás manipulando.

¡Pero no seas pussy!

Hoy en día, se usa la etiqueta de "conciencia" para todo. La autoayuda barata no vale. Este manual no se llama "El manual del Closer consciente" por esa misma razón. Este concepto está demasiado prostituido.

–Nunca hay que presionar al cliente, él, desde su propia conciencia, debe decidir si compra o no compra –dice el closer "consciente".

–¿Tu servicio puede ayudarle? –les pregunto.

–Sí, es justo lo que necesita. Sin duda.

–Entonces es tu responsabilidad ética y moral venderles. ¿Qué estás vendiendo?

–Curso de confianza. Mi lead no tiene sexo hace diez años. ¡Incluso le da miedo llamar a una pizzería porque se traba!

–Si no le empujas no comprará nunca. Si tu padre te obliga a tomarte los medicamentos, ¿dirías que te está presionando? ¿Dirías que no es un padre "consciente"?

–Yo prefiero vender desde el amor. Sin presionarle.

–Lo diré de nuevo. Tengo la responsabilidad ética y moral de venderle a quién sé que pueda ayudar y tiene miedo a accionar. Si no se anima a hacerlo por su cuenta, yo le empujo para que vea que es la decisión que debe tomar. Algún día, y eso siempre pasa, me lo agradecerá.

Las 9 claves para mentorizar equipos de cinco, seis y siete cifras mensuales

Ya no eres un closer, sino un director. Existe un equipo, y ahí entras tú para escalar y aportar el equipo.

¿Cómo actúas en estas situaciones?

Comprendiendo que en este momento ya no eres un closer. Un closer falla y pierde dinero. Si un director falla, tiene que rendirle cuenta al CEO, al equipo de marketing que tanto se esfuerza en traer tráfico... y a todos los closers de tu equipo. Por ello, tu labor influye de una forma muy directa, por ello debes ser excelente. No puedes no analizar sus llamadas; no ofrecerle guiones, no darles formación...

Te diré más: el clima organizacional depende de vos. El tipo de comunicación que ejerces con el equipo, tu forma de dirigirte hacia ellos, las formas y los canales de comunicación que abrís de ellos hacia vos, el nivel de cercanía...

Si un closer tiene que transmitir certeza del resultado a un lead, vos tenés que transmitir eso mismo a tu equipo. Si te envían un audio con una duda a las tres de la mañana, lo escuchas. Si el equipo confía en ti fervientemente, lo tienes todo ganado. Si duda, aunque sólo sea un poco, no podrás ser un buen director.

Dicho esto, y si aún tienes ganas de ser un director, debes implementar los siguientes 9 pasos para construirte esta confianza de acero. Sin esto, fracasarás. Con confianza, no habrá nada que no puedas hacer. Así de importante y clave es.

1. *Transferencia de autoridad*

Cuando un técnico de la talla de Guardiola o Bielsa llega a un nuevo equipo, se encuentran con las vacas sagradas. Son esos jugadores que han ganado millones de euros y han aportado un valor brutal al club, por lo que tienen un ego grandioso. Muchos entrenadores bailarían las gracias a estas vacas sagradas, y eso es sinónimo de falta de autoridad.

Tú no puedes permitirte esto. Vas a hacer que cambien su formación y su forma de jugar. ¿Crees que los jugadores te harán caso?

Sí, sólo si tienes confianza. Entonces ellos verán que lo que dices, funciona, y entonces confiarán más. La convicción llega con el logro. Así que, cuando el CEO te presente ante el nuevo equipo, dile que te edifique. Que construya sobre ti el máximo valor, respeto y autoridad comentando tu historial, además de explicar por qué te contrató y lo importante que es que los closers vivan el proceso formativo.

La transferencia de autoridad requiere que el CEO de la empresa te transfiera justo esto, la autoridad que te permitirá hacer tu trabajo correctamente. Cuando la gente ve que he trabajado para ciertos referentes y les he ayudado a facturar millones, la gente de pronto me mira de forma distinta. Hay un respeto, hay un marco. No me conocen, pero la transferencia de autoridad es todo lo que necesito.

El CEO debe abrir esa primera mentoría. Y, sobre todo, debe edificarte de la mejor forma posible. Es el primer empujón clave. Esto es empezar con el pie derecho. Pero hay más.

2. Agradecimiento + Presentación

Una vez te han presentado y edificado, la palabra es tuya. La forma segura es que agradezcas.

—Muchas gracias por esta oportunidad, estoy muy contento de estar acá. Estuve hablando con su CEO, y me puso al tanto de vuestra situación.

Ahora te toca presentar. Es acá donde cuentas tu historia del héroe, en la cual pasaste del punto A al punto B. Peter Parker era un estudiante corriente en un entorno corriente, y de repente le picó una araña, lo que hizo que su vida cambiara por completo...

Enfoca tu historia en lo que vayas a hacer. Por ejemplo:

—Yo soy closer hace más de tres años, vendí más de un millón y medio de dólares. Nunca quise ser closer, de hecho era de los que pensaba que vender era algo malo y manipulativo. Pero llegué a las ventas gracias al estudio del desarrollo personal. Era tanto mi interés por el crecimiento interior que me recibí en Psicología... y de ahí al coaching, a la PNL, a las mentorías, a la marca personal... y cuento corto: invertí más de 70.000 dólares en formación. He hecho más de 7000 horas de llamadas de venta y tengo una tasa de cierre del 90% con leads poco cualificados. He cerrado B2B, B2C... y he formado muchísimos equipos. Hay empresas que ahora venden 800.000 dólares mensuales en evergreen. Conozco este proceso, y sé de lo que somos capaces de lograr.

No hay segundas oportunidades para causar una buena primera impresión. El foco debe estar en transmitir una certeza en el resultado.

–Se me viene a la cabeza los obstáculos que puedan surgir en este proceso, pero vamos a estar de la mano durante varias semanas, y que sea un ganar-ganar para todos. Si ustedes ganan más, la empresa gana más, y ustedes también.

Que no piensen que eres el nuevo jefe cabrón. Estás ahí para que todos ganen. Pero tienen que confiar en tu experiencia.

3. Ahora quiero conocerlos / escucharlos a ustedes

Básicamente en este punto les vas a pedir que se presenten utilizando preguntas típicas y de nicho como por ejemplo:

- ¿Qué edad tienen?
- ¿De dónde son?
- ¿Hace cuánto trabajan en la empresa?
- ¿Hace cuánto cierran ventas acá?
- ¿Cuánto llevan vendido?
- ¿Cúal es el aproximado que venden por mes?
- ¿Cuánta es aproximadamente tu tasa de cierre actual?

Escúchalos con absoluta atención, y permite que todos y cada uno de ellos se presenten. Uno por uno. No apures a ninguno. Conócelos. Verás al tímido que te tiene miedo, y también verás al closer con experiencia que se pregunta por qué han contratado a alguien externo para el puesto que él se merecía.

4. Indagación en la situación actual

Una vez se han presentado, debes profundizar en la situación en la que se encuentran.

- ¿Qué problemas están teniendo?
- ¿Cuáles son los desafíos actuales?
- ¿Qué guion de venta siguen (sí es que tienen)?
- ¿Cuáles son las objeciones más típicas a las que se enfrentan? ¿A qué factores atribuyen ellos sus números de cierre actuales?
- ¿Qué creen que deben cambiar o mejorar para mejorar esos números?

Cada closer te dirá lo que piensa acerca de los leads poco cualificados, del embudo, del mercado, del setter, de la oferta... Al final, tienes que enfocarte en el nivel de conciencia desde el que parten. ¿Culpan a otros o se responsabilizan de sus resultados?

5. Primeros Hacks de Valor y Correcciones más Urgentes

Dentro de lo que hayan contado en la anterior pregunta, aporta el valor que consideres más prioritario. En mi experiencia, estas primeras correcciones tienen que ver con el seteo del marco y presentar el precio al final. Hay muchos más errores, pero esos son los principales.

Es esencial que justifiques las razones.

—He visto en vuestro guion y llamadas que decís el precio al final. ¿Por qué?

—No lo sabemos, así está en el guion.

—Bien, ahora lo vamos a decir antes de presentar. Cuando haces esto, te relajas y fluyes mejor en la llamada, y el lead empezará a justificar por qué vale lo que vale...

6. Setea el Marco y sienta las bases de cómo será el proceso formativo

Aclaras las bases de cómo será todo el proceso: días de mentorías, donde ubicarás las grabaciones, que contenido tienen que mirar obligatoriamente, cúal les recomiendas mirar/leer en sus ratos libres, cuáles serán las vías de comunicación, cúal es tu expectativa con este trabajo, que pretendes de ellos...

Aquí también es importante que aclares cuáles son tus "defectos positivos" y cúal es la intención positiva que persiguen. Por ejemplo, yo siempre suelo decir:

—Team, advertencia, soy un jodido hincha pelotas, bastante obsesivo y exigente, pero lo hago porque sé que de esa forma vamos a mejorar muchísimo más y en menos tiempo. Les prometo qué, sí me hacen caso (aunque sea un pesado), en X tiempo vamos a poder estar teniendo X números. Lo fundamental es estar 100% comprometidos.

7. Prende Velas para la primer victoria

La primera victoria es el momento en el cúal alguien del equipo aplicó algo que le hayas enseñado y produjo un resultado positivo. Ese es un momento clave porque es la evidencia empírica de que lo que les enseñas funciona y de que, si te hacen caso, mejorarán. Cuanto antes puedas tener esa primera victoria más fácil será el proceso, y a mayor número de victorias más confianza te tendrán y, por tanto, más sencillo será todo.

Normalmente, no pasará el primer día. He estado en empresas donde, por aplicar mis hacks, cerraron el mismo día 16.000 dólares por un par de llamadas. Pero también soy consciente del proceso. Al final del día vas a cambiar su guion y su forma de jugar.

Sin embargo, la primera victoria siempre llega. Cuando el resto vea los comprobantes de pago, estarán más abiertos a confiar en tu liderazgo.

8. Cercanía, inmediatez, calidad y cantidad en tu acompañamiento

Principalmente las dos o tres primeras semanas. Responde rápido y con calidad. Si nada más empezar tardas dos días en responder, no te querrán hacer más preguntas. Y hazlo con calidad, sé útil. Cuánto más pregunten, más confianza te tendrán.

Y más venderán.

Más adelante, el mismo grupo se autogestionará, y los mismos closers responderán a las dudas de otros.

9. Sigue aumentando la confianza hacia nuevos niveles implementando nuevos cambios y correcciones graduales.

Y esta es la clave: graduales. En cada mentoría explico un sólo aspecto. Yo, por ejemplo, suelo compartir mi guion de ventas en la cuarta sesión, para implementar en la quinta y resolver las dudas.

¿Por qué hago esto? Porque si les meto treinta cambios a la vez, fallarán. Se ahogarán. Son demasiadas variables y cambios juntos.

Cuando me toca mentorizar al equipo comercial de una empresa, suelo ser bastante exigente con los KPIs, el nivel del equipo, la actitud... todos estos factores hacen que sea altamente selectivo. Y la razón es muy simple. El nivel de energía que se requiere para escalar un equipo es brutal, y es por eso que me gusta estar seguro de distintos indicadores.

Si eres un empresario y facturas o estás cerca de las seis cifras mensuales, y te gustaría que mentorice a tu equipo...

SÉPTIMA PARTE
LA RESACA DEL MILLÓN DE DÓLARES

Esta parte es esa habitación de tu casa donde colocas las cosas que no sabes exactamente dónde van, pero que tampoco quieres tirar porque tienen un inmenso valor. Es esa caja de pandora, de aquí puede salir cualquier cosa, y todas te apoyarán a mejorar tu MindSet y destreza. Al adentrarte más en la habitación, descubres que cada cosa que encuentras tiene el potencial de enseñarte algo valioso. Esa raqueta de tenis, por ejemplo, te recuerda la importancia de intentar cosas nuevas y de mantenerte activo.

Vender a B2B es vender a B2C (y lo sabes)

Esta es una pregunta habitual que me hacen mis alumnos más avanzados, y se basa en cómo proceder cuando vendemos a una empresa. Para los nuevos, B2B significa Business to Business. Para los que no sepáis inglés, de empresa a empresa.

Veamos los 3 puntos:

1. En el B2B el dinero no suele ser un problema. En realidad, el problema es más nuestro, ya que vemos a una empresa como algo demasiado grande para ser manejado. Sin embargo, detrás de una empresa hay una persona, es a ella a la que debes closear. La venta es 99% B2C. No estamos hablando de Coca-Cola o una empresa de software con ocho mil empleados... pero en el mundo de los infoproductos dependen de una persona (CEO). ¡Piérdele respeto a las "empresas"!

2. Por otro lado, si el tema económico no es un problema, tu única función es brindar absoluta certeza del resultado. ¡Ya está! Ahí está la venta. Céntrate en mostrarle cómo le vas a llevar del punto A al punto B de una forma eficiente y efectiva. Háblale de números, métricas. De hombre de negocios a hombre de negocios. Puede ser que necesites un contrato, facturas, un dossier comercial, hablar de un modo más formal, vestirte algo mejor, pero más allá de esto es exactamente lo mismo.

3.Cierra en una sola reunión. La tasa de leads caídos es real, y aunque los que lleguen a la segunda reunión van a comprar seguro, de alguna manera aumentarás tu tasa si te centras en cerrarlos a la primera. Es común que este tipo de leads requieran más de una reunión para decidir si te compran o no, pero en este libro ya has aprendido distintos cierres que te permitirán justamente eso, cerrarlos sin la necesidad de tercerizar su decisión.

Vender 3 paquetes es mejor que vender 2 o 1 (a veces)

Presentar un sólo paquete es poco: tómalo o déjalo.

Presentar dos paquetes es dicotómico: esto u otro.

Presentar tres paquetes es perfecto: tienes tres opciones, y puedes elegir la que más te convenga.

Todas las empresas grandes tienen tres planes o paquetes. No creo que los directivos de Spotify o Netflix sean idiotas. Ahora bien, cuando lo hagas, tienes que tener en cuenta que los paquetes más altos han de incluir a los más pequeños. Esto es básico y, sin embargo, a veces olvidamos comunicarlo.

Si a lo largo de la llamada observo que el lead es muy cualificado:

–Sé cómo podemos ayudarte, y para ayudarte tenemos la mentoría X, el más exclusivo y VIP que cuesta 8 mil dólares, el intermedio 3500 y el estándar que cuesta 2000. Independientemente de esto: ¿qué es lo que esperabas?

Las ventajas de esto son simples:

1. El efecto anclaje. Esto cuesta 8 mil, pero puedes entrar por 2 mil, lo percibirás barato. Si empezara por 2 mil, tal vez lo verían caro (con ese microinfarto de un lead temeroso).

2. Si el lead tiene un alto poder adquisitivo, no es complejo cerrarle por el ticket más alto.

3. Doy opciones. ¿Cuál de los 3 vas a comprar? Esto es mucho más cómodo de quedarte en la posición: lo quieres o no lo quieres. No hay opción a no comprar.

4. Escalera de valor: Cuando entre, ya conocerá la escalera de valor, y será sencillo escalarlo en la fase de postventa.

Cierra la llave del agua

–¿Cerré la llave del agua? –pregunta la mente una hora después de salir de casa. Pronto empezará a imaginarse un tsunami catastrófico.

Pero tú estás ahí en el concierto de Coldplay. Llevas esperándolo más de siete años, y por fin tocan en tu ciudad. Por fin podrás disfrutar de tu grupo favorito en directo. De hecho, ahí estás, en primera fila. Si te acercas un poco más podrías oler el sudor de Chris Martin. Es tu momento. Te ha costado miles de dólares; y sangre; y sudor; y lágrimas... pero ahí estás.

–¿Cerré la llave del agua o no?

De repente comprendes que no estás disfrutando del concierto. Tienes una fuga energética brutal. Tu cuerpo está en el estadio, pero tu mente está out.

–El agua podría joder el sistema eléctrico de casa. ¡Podría perderlo todo! ¡Tengo que volver ya!

Así que aprendes que, si no cierras la llave del agua, no podrás disfrutar de ningún proceso. Ni siquiera tu concierto favorito. Y es aquí donde se demuestra de qué está hecho un closer High Ticket. Cerrar no es cerrar ventas, sino cerrar etapas en cualquier ámbito en tu vida.

¿Para qué sigo quedando con el grupo de amigos de siempre? Ni siquiera compartimos los valores más básicos, pero sigo ahí, con el temor a dar el paso. Recuerdo cuando me mudé a Cancún para trabajar como closer. No tenía ninguna garantía, pero sabía que tenía que cerrar mi etapa en mi bonita casa de Palermo. Cuando recibí la llamada con la oferta, a las dos semanas ya tenía el vuelo. Para que os hagáis una idea, cerrar mi alquiler costaba el pago de tres meses de renta. Pude no haber roto el contrato, pero eso sería permitir un plan B. Mi familia estaba histérica, pero yo sabía que era la única opción.

Además, por si fuera poco, fui a México con la visa de turista. ¿Fecha de vuelta? ¡Cinco días después de llegar! ¿Por qué? Porque en cinco días no me iba a dar el tiempo de pasarlo mal o arrepentirme. Estaba obligado a no tomar el vuelo. No tenía escapatoria.

Tenía que cerrar etapas.

Cuando das pasos, pasan cosas.

Si este libro te está aportando, hazle una foto al párrafo que más te haya hecho reflexionar y compártelo con el mundo. Si me etiquetas, estaré contento de compartirlo también.

El efecto bambú

En la psicología empleamos el concepto de procesos paradójicos para nombrar situaciones que parecen ir en contra del sentido común o la lógica. Piensa en la excitación sexual. Si eres un hombre o mujer corriente, cuando viene, viene. No puedes decirte: "no pienses en eso" sin reforzarlo. Si te digo que no pienses en el caballo blanco de Santiago, tu mente no puede hacer otra cosa que pensar en el caballo.

Es muy común que muchas personas tengan disfunciones sexuales por el mero hecho de intentar controlar todos los aspectos de la situación. Y, cuanto más controlas, menos se te para. ¿Has probado a conducir de forma totalmente controlada? Imagínate pensando en cada paso:

–Ahora mueve el pie izquierdo para darle al pedal del embrague... baja la mano derecha para cambiar la marcha... no, espera, primero revisa el espejo retrovisor... ¿lo has revisado? Vale, ahora sí, cambia la marcha... pero espera, no sueltes el embrague demasiado rápido... ¿y la velocidad? ¿Está bien? Asegúrate de no acelerar demasiado... no olvides las señales de tráfico… ¿qué decía esa señal? ¿Era de…?

La evolución no es un camino recto. La gráfica no va a la misma velocidad, hay subidas y bajadas pronunciadas. También hay mesetas de "estancamiento". El efecto bambú te dice que si llevas seis meses sin resultados, tal vez estés a un día o dos de romperla.

2+2 no siempre suman 4

La fórmula de crecimiento no es lógica. Los activos todos los años duplican su valor, pero no lo aumentan todos los días. De hecho, hay meses donde parece "bajar", pero sólo está preparándose para una explosión brutal. No hay líneas rectas. Sigue sembrando las semillas. Ahora bien, tienes que tener claro que tienes la información y la mentalidad adecuada. Si quieres ir al norte, pero tus pasos te dirigen al oeste, no vas a llegar. Tienes el mapa equivocado. De ahí la importancia de un mentor que te supervise. Él ya está donde tú quieres estar.

Y tú aún te estás perdiendo del efecto bambú. ¿Por qué? Porque crees que sabes. Sólo que el mercado está mal. La empresa está mal. Los leads son malos. El dinero te esquiva, pero tú crees no tener ninguna responsabilidad. Un bambú no se riega con Coca-Cola.

He escuchado a muchos closers que, antes de entrar en Five Stars, me dicen que "estoy al tope de mi nivel" y que no necesitan de una academia o un mentor. Yo sólo puedo reír, porque Lebron James tiene 4 anillos y sigue entrenando. La arrogancia de los mediocres puede ser muy grande.

Todos los grandes siguen aprendiendo. Así que únete a Five Stars y mira cómo tu tasa de cierre asciende aplicando el Psico-Neuroclosing.

Uno de los ejemplos del efecto bambú fue el de Messi con la selección de Argentina. En cerca de dieciséis años no ganó nada, pero en el espacio de un año y medio ganó todo lo que podía ganar. ¿Quiere decir que los años anteriores no valían? No, las ramas internas estaban creciendo, pero nadie lo veía.

Mirada de "Sniper"

En el momento del cierre, miras al lead. Mira al punto de la cámara (a sus ojos), y luego al lead. Después sus ojos; y luego al lead. Así sucesivamente. No agaches la cabeza. No mires a la derecha, ni a la izquierda. No te desvíes. En el campo de batalla, un Sniper no suelta la mirada de la mira, pues eso podría ser su final. Y no ha llegado al campo de batalla para no salir victorioso,

No mires al reloj, a menos que estés cronometrando lo rápido que van a cerrar el trato.

No mires al suelo, a menos que creas que el contrato se cayó por ahí.

No mires al techo, a menos que estés buscando inspiración divina para el cierre.

No mires a la ventana, a menos que esperes ver una señal de humo del cliente.

No mires tu teléfono, a menos que tengas una llamada en espera del jefe diciendo: ¡Felicidades por cerrar esa venta!

Gracias a esto podrás hacer 2000 dólares en un día

Crees que la venta es algo impío, ¡un pecado! Pero esta Biblia quiere que te reconcilies con el Espíritu de la venta. Hasta ahora, hemos mencionado más de una vez el poder de la venta, y cómo si en el mundo no existiera el miedo, los closers no existiríamos.

La gente cree que vender es manipular, y piensan que, si compran, el beneficio sólo será para el vendedor. Desde este punto de vista, es muy poco probable que compres, aunque necesites ese servicio o programa. Pero la venta ética se basa en descubrir cómo puedo ayudar. Si tengo el antídoto a tu dolencia, te lo vendo. Si no lo tengo, te dejo ir. La cualificación sirve para esto.

¿No lo he dicho ya?

El antídoto a tus creencias de mierda acerca de la venta es que asocies la venta con ayudar. Tienes la responsabilidad ética y moral de vender en excelencia.

Tengo un programa personal que tiene el fin de armar el equipo de ventas para distintas empresas. Cuando me llega alguien para adquirir este servicio, no le digo que sí.

—No tienes un tráfico continúo, así que no tiene sentido que pagues esto. No vas a sacar el máximo provecho. Tal vez en un tiempo podamos trabajar juntos.

Desde fuera parece que pierdo dinero. Pero es que nunca se trató de dinero. Y como no se trata de dinero, puedo ganar mucho dinero. Hace poco, un closer externo quiso comprarme el programa que tengo para aprender a ser director de ventas.

—Sólo está para los alumnos dentro de la Academia. Y, además, requieres una experiencia probada como closer.

El closer se enfadó, y por cómo me miraba, debía de pensar que era "tonto" por perder ese ticket.

Si aún tienes creencias de mierda acerca de la venta, lee los siguientes puntos y transforma de una vez esa ****** de creencia.

1. El mundo funciona gracias a los vendedores

Una fábrica que produce cien mil coches. Pero no hay vendedores. Se produce stock en la fábrica, y por ello dejan de producir. Los empleados se quedan sin trabajo. Los que venden la materia prima también se quedarían sin trabajo. La industria se estanca. Boom.

Explicación científica de cómo el mundo gira gracias a los vendedores.

2. Todo es una venta

Y lo sabes.

Final del mundial. Tanda de penaltis. Si eres argentino, ya sabes lo que voy a decirte. Messi le vendió la idea a Lloris de que iba a patear el penalti hacia un lado... pero no fue así, y gracias a eso, en parte, somos campeones del mundo.

Grant Cardone nos comparte que cualquier intento de manipular un resultado es una venta. Incluya o no dinero. En cada interacción estás buscando algo de alguien. Si convences a tu hijo de que haga los deberes antes de ir al parque, eso es una venta. Si lo convences de que coma verduras en vez de azúcar, eso es una venta.

Hace poco fui invitado a un evento de Hotmart en Colombia, y escuché cómo Alejandro Novas, un infoproductor español, decía que incluso nosotros mismos habíamos nacido de una venta. Lo suscribo. Uno de tus padres le vendió la idea a otro de hacerlo sin condón

¡Naciste de una venta!

3. Los vendedores te han ayudado (mucho)

Piénsalo. ¿Qué grandes cosas hicieron por ti vendedores del pasado? ¿Cómo influenciaron tu vida para bien? Mi padre me vendió la idea de que era bueno realizar mis tareas los viernes para pasar el fin de semana tranquilo. En ese entonces a mí no me gustaba, pero eso me enseñó disciplina. También me vendió la idea de tener la lectura como hábito. Eso me dio conocimiento. Mi padre también me vendió la idea de que, si encontraba algo que no era mío, lo devolviera. Cuando a mis ocho años vi un teléfono móvil de alta gama en el suelo, no tuve la opción de tomarlo entre mis manos.

—Si pierdes tu teléfono, ¿te gustaría que te lo devolvieran, cierto?

—Sí —respondí.

—Entonces hay que devolverlo.

En cuanto a mi madre, recuerdo que, mientras veíamos juntos The Walking Dead, ella leía un libro de Freud. Es jueza, abogada, psicóloga, coach y tiene una maestría en psicoanálisis. ¿Por qué tanto? Porque siempre está aprendiendo. Constantemente. Y eso fue lo que me enseñó. Eso fue lo que me vendió Y, en realidad, es una de las principales habilidades que me ha permitido ser quién soy a día de hoy.

Hoy en día agradezco todas esas pequeñas ventas que mis padres me hicieron. Ojalá mi oftalmólogo me hubiera vendido la idea de ponerme esas lentes de contacto, esas que me dolían tanto. Si hubiera sido un buen vendedor, no habría perdido el 90% de mi vista. Sí, las malas ventas también pueden estropearte la vida.

Pero otras te la cambian. Aún recuerdo a Damián, y cómo me vendió la idea de que era talentoso para jugar al ajedrez. En realidad, tal vez no tenía talento, pero él me vendió la idea de que era un diamante en bruto. Eso me hizo estudiar más... y me convertí en una bestia.

¿Cuántas ideas has comprado que no te hacen bien? Te estás vendiendo ideas que hablan acerca de tu insuficiencia, de tu no merecimiento, de tu pobreza mental y espiritual... esas ideas que, si fueran productos en un supermercado, estarían en la sección de ofertas de lo peor de lo peor, con etiquetas de "Descuento por baja autoestima" y "Liquidación de sueños rotos".

Si encuentras a un vendedor que quiere venderte otra sección del supermercado, ámalo. Es hora de cambiar de pasillo y empezar a llenar la despensa de tu mente con ideas premium.

Al final del día, y si leyendo todo lo anterior aún tienes miedo a vender, déjame darte un consejo: vende.

Sí, parece estúpido, pero no lo es. En psicología lo llamamos proceso de desensibilización, y es tan básico como la vida misma. Si te da miedo hablar en público, superarás ese miedo hablando en público. Cuando mis alumnos entran en Five Stars les pongo a jugar desde el primer día. Los nervios desaparecen cuando te familiarizas con lo que te genera rechazo. Si haces cuatro conferencias al día durante seis meses, tu cerebro comprenderá que no tiene sentido tener miedo. Tu primer día al volante de un carro te da miedo... pero... bueno, ¿me sigues?

Acostúmbrate y confía en el proceso.

Muy pocas personas hablan para decenas de personas al mismo tiempo. Y, por ello, los nuevos alumnos de la academia tienen que hacer justamente eso nada más entrar. También les sacamos del confort en las sesiones 1:1 que tienen. Y, por último, llegan los roleplay. No tienen forma de no hacerlo. Incluso, con el tiempo, enfrentamos a un closer para varios leads al mismo tiempo... e incluso limitamos los tipos de cierre.

¿Es incómodo?

Sí. Hasta que se acostumbran. Entonces se ríen y empiezan a ganar miles de dólares al mes. Pero, al final del día, lo único que importa es la confianza que ganan en su día a día.

Que no pare el valor; que no paren las preguntas

Cuando hago el seteo de marco e informo al lead que quiero una respuesta "hoy", el lead me dice que no puede hacerlo.

El 30% de los leads te dirán que no pueden. Pero el resto, cerca del 70% te dirá que sí.

Este primer sí es importante, así que no tengas miedo a preguntarlo. No te cuesta nada. En realidad, el miedo casi siempre es de quien pregunta, y no de quien responde.

Si la respuesta fuera "no", tienes herramientas de sobra para resolverlo.

–No puedo decidir hoy, ya que me gusta tomar decisiones en frío y convencido.

–Okey, si te muestro una propuesta que realmente te convence y que hace el match perfecto contigo, ¿ahí sí podrías decidir?

Te conviene hacerlo.

•¿Un closer nace o se hace?

Se hace, pero sí es cierto que hay cierta predisposición. Un jugador que compita en la NBA ha demostrado su talento después de miles de horas de formación teórica y práctica. Pero, tal vez, nació con una genética que favorece su objetivo.

Un alumno de la academia acaba de entrar procedente de Colombia. A sus 18 años no se ha formado nunca, pero no tiene ninguna vergüenza y sangre por las venas. Con un entrenamiento y entorno adecuado, será millonario.

Otro de los alumnos, profesor universitario de una carrera técnica, y con mucha más formación, aún se traba en los roleplays que hacemos todas las semanas. Él también aprenderá las habilidades, pero no a la velocidad de otros. Maradona a los 16 años tenía una presencia dominante en el campo y no dudaba en ordenar y guiar a sus compañeros durante los partidos. Era un chico, pero él ya lo tenía dentro.

En Dragon Ball Z, cuando Vegeta y Goku pelean por primera vez, el primero le dice a nuestro protagonista favorito que nunca llegará a su nivel.

–Si un clase baja se esfuerza y se entrena lo suficiente, puede ser mejor que uno de clase alta –dijo Goku.

Esa escena reforzó la importancia de la meritocracia. Yo no me sentía el más rápido o el más listo, pero no tienes que nacer con talento. Puedes construirte ahora. Y eso significa inmersión total. Ahí están mis más de siete mil horas de venta, las cuales he analizado hasta la saciedad. Quizá no tenga el talento de Vegeta, pero sí tengo la dedicación de Goku. No hay nadie que no pueda hacerlo si dedica el tiempo necesario.

•Closer púrpura

La "Vaca Púrpura" de Seth Godin es la idea de que para destacar en el mercado, tu producto debe ser tan sorprendente y único como ver una vaca púrpura en un campo lleno de vacas marrones. En resumen: si no logras que la gente diga "¡Mira esa vaca púrpura!", entonces tu negocio es solo otro buey más en la parrilla.

Me gusta decir que formo a closers púrpuras, de hecho, es eso lo único que deseo. Al final, debes destacar no sólo por tu tasa de cierre, sino por la coherencia. Hablamos de información. Hablamos de introspección y toma de conciencia. Hablamos de acción.

Si estás en una empresa, pregúntate cómo podrías destacar. La mayoría de closers tienen una mentalidad de autoempleado. Entran a su jornada y se van. Uno púrpura adquiere habilidades extras. Imagina que vendes un producto a 1000$, y ves que la empresa para la que trabajas podría vender otro por 2500. Aprende a crear ofertas High Ticket y muéstralo. En Five Stars enseñamos esto, porque sabemos que suma. No te límites. Aprende a liderar equipos, aprende a gestionar tus emociones (y las del lead).

Haz lo que sea que tengas que hacer, pero destaca. Aporta a tu empresa.

•"Ceder" el marco

A estas alturas ya sabes que el marco no puede perderse, pero sí cederse. Es una diferencia abismal. El Madrid de Cristiano, Bale y Benzema te entregaba la pelota... y luego te asesinaba con los contraataques.

Si cedes el marco, el marco es tuyo. Hace poco, tuve una reunión con un empresario español que facturaba unos 4 millones al mes. Con este tipo de lead, tengo que adaptarme.

—Mira, tú de empresas entiendes más que yo, pero a mí lo que me parece es que deberías hacer esto (...).

Le doy valor, y en seguida le muestro mi punto. Los empresarios suelen ser leads narcisistas o, al menos, les gusta controlar, así que es interesante darles un caramelo (empatía) y luego dirigirlos a tu punto (dirección).

•Cómo no perder el foco en la venta

Ten una estructura y guion y síguelo paso por paso.

En última instancia, estos closers tienen miedo al rechazo, y por eso no quieren cerrar. Quieren evitar el rechazo. Te gusta la chica, pero no quieres avanzar demasiado, no vaya a ser que te rechace.

Tienes un guion, no pares a tomarte un café en el paso 3. Ya te lo tomarás cuando te compre.

¿A qué tienes miedo?

•Cómo no perder el ánimo antes de la llamada

La presencia es esencial. Cuando entras a una llamada, el mundo externo desaparece. ¿Y qué hay de la 3º guerra mundial? ¿Y la final de la Champions League?

La llamada es lo único que tienes. Ni siquiera lo haces por ti, sino por ayudar al lead en la llamada. ¿Vas a enturbiar eso por tus tonterías de fuera? ¿O vas a aportar el máximo valor? Para eso, requieres abstraerte del mundo externo. Haz lo que necesites: ponte música que te motive, medita, baila, canta, ejercítate... lo que sea que te mantenga en foco.

Te pondré otro ejemplo más loco de alguien que no considero un modelo a imitar: Jordan Belfort. Ahora bien, sé que él obligaba a sus vendedores a echarse un perfume ya que el olfato es el sentido con más memoria. Por ello, después de cerrar una venta, se echaban el perfume, y el cerebro asocia ese olor al cierre. Con el tiempo, aplicas eso antes de la llamada, y entonces se convierte en la venta asumida. Tengo que admitir que yo también lo hago.

Como ves, da igual lo que hagas, pero entra en esa llamada con el MindSet y presencia adecuada.

•Push and Pull en la venta

El Push and Pull es una técnica de seducción que juega con la dinámica de mostrar interés y luego retirarlo, creando un equilibrio entre atracción y misterio. Es como un baile en el que das un paso adelante para atraer a la otra persona y luego das un paso atrás para mantenerla interesada. El push es cuando muestras un cierto desinterés o te distancias de la otra persona, mientras que el pull es cuando muestras interés o haces algo que atrae a la otra persona hacia ti. Puede ser un cumplido, una muestra de atención o un gesto cariñoso

Tienes que divertirte. Tienes que jugar. Tienes que fluir. Si observas alguno de mis cierres "agresivos" puedes ver cómo, en realidad, hay una risa de fondo.

–Qué hermosos zapatos tienes, se parecen a los de mi abuela.

Como has visto a lo largo de este manual, el carisma y el humor pueden hacer mucho por ti, ya que te hacen impredecible. Y eso genera atracción. ¿Cuál fue la última película que viste? Estoy seguro que tenía sus picos de acción y tranquilidad. Si la película no tuviera esos picos, te aburrirías o no te daría respiro. En tus llamadas es exactamente lo mismo. Si dices algo duro, hazlo con carisma. Si dices algo no tan duro, dilo de forma seria.

La Resaca del Millón de Dólares

Es ese push and pull de toda la vida. Te digo algo malo y algo bueno, y viceversa.

–Es repugnante que con 23 años tu objetivo sea vivir de los subsidios del gobierno...

Ahí tienes el push. No voy a dejarlo así. Continúo:

–... sabiendo además que tienes oportunidades y capacidades de sobra para ser más que eso.

No quiero ponerlo en contra ni a la defensiva. Otro ejemplo:

Te golpeo. Y luego te aplico el sana-sana.

•La velocidad de respuesta y creatividad

Tu velocidad de respuesta es mucho más lenta cuando no tienes el marco. Piénsalo. Cuando estás con la chica que hace que te caiga la baba, de pronto te conviertes en alguien bobo y lento, ¿verdad que sí? Pero si te pones a una chica que no te impone, de pronto te conviertes en el mismísimo Jim Carrey.

La clave entonces no está en jugar en segunda, sino más bien en trabajar tu MindSet. En este manual has recibido decenas de consejos, recomendaciones e historias que te harán ser un closer High Ticket de verdad.

La creatividad también se trabaja. Un humorista improvisa como los dioses, pero eso no significa que no tenga en su mente las estructuras que más funcionan según el tipo de público que tiene delante. Un freestyler tiene una creatividad brutal, pero lo acompaña con un estudio de las rimas que más funcionan. Sabe que "metralleta" rima con "camiseta". Existe una base que facilita todo.

El ajedrez es el mejor ejemplo, y sí, ya hacía unas páginas que no hacíamos referencia a este juego. Cuando comienzo una partida, puedo ver los siguientes seis o siete movimientos. ¿Por qué? Porque si jugamos en una parte del tablero, sé los patrones que funcionarán. Si el alfil apunta a la torre, aquí hay tema sobre esto.

Si las nubes son negras, sé que se viene tormenta.

En Five Stars tienes la práctica guiada para que todas las semanas en los roleplay puedas armar las estructuras que funcionan. Si haces esto todas las semanas, no hay forma en que te conviertas en un monstruo de los cierres. Eres tan bueno como te entrenas.

Cuando invito a mis alumnos en las clases a cerrar sólo de una determinada manera, es porque quiero convertirlos en unos expertos. Si te digo que cierres mediante reframe con hipervínculos es porque quiero que aprendas a jugar al máximo nivel.

Las llamadas serán una fiesta.

Los 12 pecados capitales que te envían al infierno de los closers

1.Falta de Certeza en la Comunicación:

Son esas odiosas expresiones que la gente sin confianza emplea: si, bueno, ya sabes, las mentorías empiezan el lunes, es como una mentoría que vas a tener... digamos que... ¿Te suenan?

2.No comunicar con firmeza y dirección:

Si vas de Madrid a Barcelona, no puedes pararte por cada pueblo a ver qué pasa. ¡Vas a Barcelona! ¡Vas a cerrar! La dirección es cierre. Si la pendejada te desvía, no avanzas el proceso, y por eso no funciona.

3.Usar Términos en Potencial:

Esto lo hemos hablado, pero siempre se puede recordar un poco más. Digamos, podría, quizá, te armaríamos, es como una academia online, es como un coach... El que hace esto, tiene reservado un sitio al lado de Satanás (o Freezer).

4.No crear autoridad en la llamada:

Sin marco, no hay venta. Tu lead te comprará porque te respeta. Si no marcas ese respeto desde la etapa dos hasta el final, tu llamada se convertirá en una guerra sin dirección... ni cierre.

5.No generar el contexto correcto para que el lead tome una decisión y se produzca una transformación:

Tienes que posicionarte, además de que el lead esté bien ubicado. Si el lead está caminando por el parque mientras se fuma un cigarro, no te pagará 10.000 dólares por tu servicio.

6.No ir a por el cierre y quedarte esperando que el lead te pregunte cómo pagar:

Aquí te conviertes en el mismísimo Satanás. Y la joda es que este pecado está de lo más normalizado. Es tu responsabilidad indicarle al lead cómo y cuánto pagar. No te quedes esperando.

–¿Te gusta?

–Sí.

–¿Resuena contigo?

–Sí.

–¿Sientes que somos los indicados para ayudarte?

–Sí.

–Perfecto. ¿Estás listo para empezar?

–Sí.

–¿Entonces te gusta?

¡Arranca o al infierno!

7.Hacer rebajas de precio u otorgar becas sin justificación racional ni argumentación:

El closer desesperado que te hace una rebaja del 50% sin explicación y que luego te hace otra mientras te regala los nueve bonus definitivos... Si no explicas el por qué bajas el precio, quedas como tonto. Si le dices que "esto" vale 5, pero que en llamada lo cobras a 4 porque habéis comprobado que solo los comprometidos... ¿Ves la diferencia?

8.Terminar las frases en agudo en vez de en grave:

El tono en el que terminas una frase puede cambiar completamente la percepción del mensaje. Si terminas en agudo, como diciendo: "Soy el puto amooo", suena más a pregunta, como si no estuvieras completamente seguro de lo que dices. Por el contrario, si terminas en grave, suena firme y definitivo, convirtiendo la frase en una declaración poderosa: "Soy el puto amo. Esta es la mejor mentoría".

Cuando tenemos miedo o inseguridad, nuestro aparato fonador tiende a contraerse, lo que hace que nuestra voz suene más aguda y menos autoritaria. El closer siempre debe acabar en grave, no en agudo. Sobre todo, en la parte del cierre.

Hablar en agudo es una consecuencia "de". Es decir, puede ser que en esa llamada te hayan ganado el marco, que no tengas certeza, que no confíes en tus habilidades...

En este punto, lo importante está en tomar conciencia de que estás hablando en agudo y, después, mentalmente, identifica por qué estás así. Y cambia el estado. Cuando estás jugando un partido y te roban la pelota por tercera vez seguida, sólo te queda espabilar para no perderla otra vez.

9.Complicarse hablando de tecnicismos del programa y no de los beneficios que tiene/genera:

Error muy típico. La dieta cetogénica es una dieta ancestral que es más sana que todas las demás, y un científico lo descubrió en el año... y la industria farmacéutica no quiere que lo sepas por...

Al lead no le interesa eso, sólo quiere perder peso. Sé claro y céntrate en los beneficios que el lead quiere. Es por los beneficios que te comprará. Si ni siquiera entiende al vendedor, pensará el lead, ¿cómo voy a entender la clase? ¿Quién querría enfrentarse a Mike Tyson en su primer día de clase de boxeo?

10. Ofrecer cuotas o planes de pago antes de que el cliente muestre un interés real por nuestro programa o servicio:

Si no reconfirmas el interés del lead, no puedes ofrecerle ni siquiera el cierre. Mucho menos ofrecerle cuotas para un producto o servicio que no le interesa.

11. Ofrecer cuotas o planes de pago antes de que el cliente las pida:

¿Hay algo más profundo y rojo que el infierno? Sea donde sea, todos los que cometen este error deberían perecer ahí entre terribles sufrimientos. No muestres desesperación. ¿Quién quiere aumentar el riesgo de morosidad? Técnicamente no es correcto ofrecer cuotas antes de que te paguen, aunque llegues al mismo destino. Es esencial que te guardes esta carta, ¡no la desperdicies con tu aliento a venta!

–Son 1900 dólares, ¿cómo lo vas a pagar?

–No puedo pagar eso –dice el lead,

–¿Y cuánto es lo que sí puedes pagar?

–¿No se puede hacer algún tipo de financiación?

–Se puede. Depende de cuánto tengas ahora y cuánto necesites para financiar.

–Tengo 600 dólares.

–¿Con lo cual te faltarían? 1200, ¿verdad? Vale, ¿y cuánto puedes pagar mes a mes?

–200 pudo.

–Bien, y si te ofreciera una cuota menor a 200 dólares, ¿sabes que la puedes pagar?

–Por supuesto.

–Vale, perfecto. Tengo 12 cuotas de 180 dólares.

Mira la carta ganadora, ¿de verdad quieres mostrarlo todo de una?

12. No guardarte la última palabra:

Como closer eres el que marca el ritmo. Son tus ritmos. Le dejas entrar porque quieres. Si quieres trabajar con Hormozi o Tony Robbins, tienes que rellenar un formulario. Y ya, si eso, ellos te cualifican para tener esa oportunidad.

–¿Cuánto puedes financiar? –pregunta el closer.

–Pagaría 600 ahora y el resto en 24 meses.

–No me sirve lo que estás ofreciendo, necesito que la cuota inicial sea más alta, ¿cuánto puedes conseguir?

No te permitas perder el marco, tampoco en el final.

–¿Cuánto puedes financiar? –pregunta el closer.

–Pagaría 1000 ahora y el resto en 24 meses.

–Me sirve.

Los 21 mandamientos te envían al cielo de los closers

1. No tiene miedo a presionar y ser firme cuando es necesario.

2. Se aleja lo máximo del estereotipo de vendedor.

3. Su posición es la de experto, y así aconseja o asesora al lead.

4. Comprende que la venta es un intercambio de valor simbólico, amoroso y positivo.

5. Hace de la escucha activa su más grande arma.

6. Entiende que el mejor cierre de ventas es el que no tiene objeciones, por eso las va previniendo durante la llamada.

7. Busca la congruencia máxima en su día a día entendiendo que la venta es un proceso 24/7.

8. Tiene claro que la venta más importante es la que se realiza a sí mismo.

9. Sabe que en el propio desarrollo personal y en la comprensión de la psicología humana están las claves para vender más.

10. No impone ni manipula, sino que guía al lead.

11. Gestiona sus emociones antes, durante y después de la llamada. No permite que las emociones afecten su desempeño.

12. No vende humo.

13. Sabe que aquello que comparte con los demás lo reafirma en sí mismo.

14. Antes de cada llamada coloca una intención poderosa: "esta llamada está al servicio de un bien mayor".

15. Se ajusta y descansa sobre un guion de ventas probado, pero sabe cómo y cuándo hacerlo a un lado y adaptarlo a cada caso.

16. Es el mejor comprador del planeta tierra porque entiende que

cada vez que compra es para su propio beneficio y que atraerá el tipo de clientes que se asemejen a sí mismo como cliente.

17. Entiende que elevar estándares y su termostato financiero es un NO negociable.

18. Entiende que el dinero es un recurso neutro, y por eso no se apega a él, pero sí lo elige.

19. Sabe que su paz y merecimiento es una condición interna primero, exterior después.

20. Experimenta que su poder creativo está siempre activo.

21. Cierra etapas porque sabe que un closer cumple con lo que es.

Youtube: @AugustoBianchi

Instagram: @soyaugustobianchi

Augusto Bianchi.

APÉNCIDE GRÁFICO

8 ETAPAS DE CIERRE

QUÍMICA

Genera confianza inicial obteniendo los primeros "sí" sinceros. No olvides llamarlo por su nombre. Y recuerda que no eres su amigo, ni necesitas serlo.

CUALIFICACIÓN

Esta es la estructura: genera urgencia; luego, examina su dolor; identifica sus deseos y ensambla un puzzle con los obstáculos que le impiden vivir como realmente quiere. Solo así podrás determinar si tu lead es el perfil de cliente que buscas.

PRESENTACIÓN

Presenta cómo entregarás tu servicio y la metodología que emplearás. Hazlo de manera concisa y atractiva. Recuerda, conoce sus intereses y no te extiendas demasiado.

NEGOCIACIÓN

Resuelve cada objeción (dinero, tiempo, "necesito pensarlo") abordando la verdadera causa. Luego, sigue cerrando tantas veces como sea necesario.

SETEO DE MARCO

Si no controlas la llamada, no controlarás la venta. Informa al lead sobre el desarrollo de la llamada y preséntate como una persona a la que debe respetar y escuchar.

ENGANCHE TRANSICIONAL

Presenta el precio con gracia y seguridad, y reafirma lo que el lead obtendrá al adquirir tu programa.

CIERRE

Ya le has contado todo lo necesario, sin excederte. Ahora es el momento de cerrar la venta: ¿Cómo te gustaría realizar el pago?

POST-VENTA

No lo dejes con un mal sabor de boca. Dale la bienvenida a la familia, guarda sus datos y asegúrate de que vuelva a comprarte.

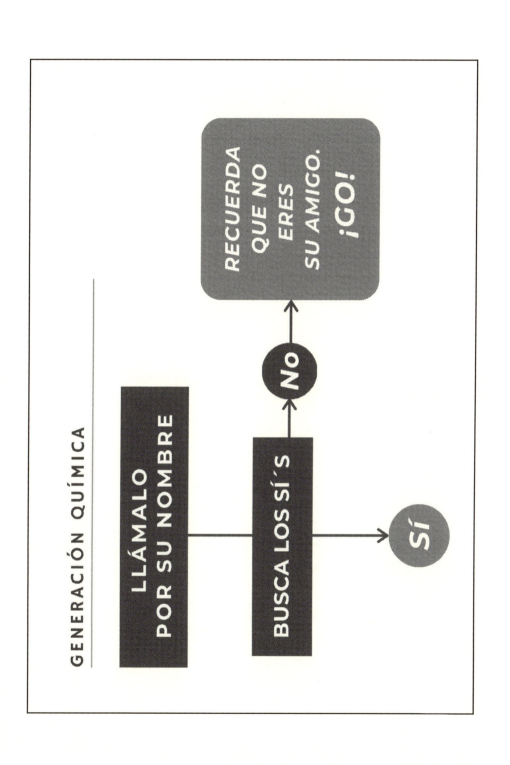

SETEO DE MARCO

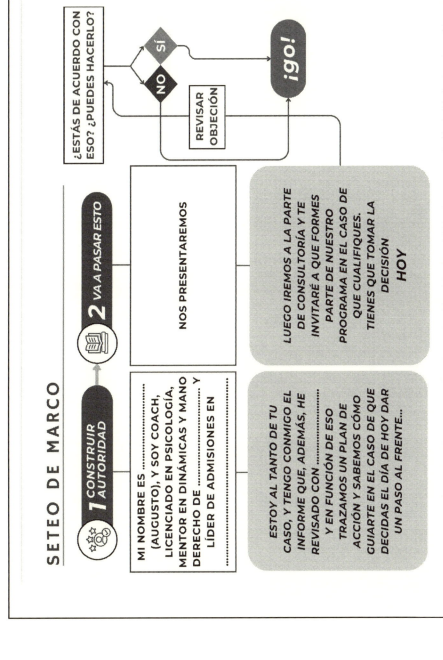

CUALIFICACIÓN BLOQUES

1. CUÉNTAME: ¿QUIÉN ERES? ¿QUÉ EDAD TIENES? ¿A QUÉ TE DEDICAS?

1. URGENCIA

2. ¿POR QUÉ DECIDISTE ASISTIR HOY A ESTA SESIÓN DE CONSULTORÍA?

3. ¿POR QUÉ AHORA Y NO ANTES O DESPUÉS?

4. ¿POR QUÉ ES IMPORTANTE Y PRIORITARIO PARA "NOMBRE DEL LEAD" NO POSTERGARLO?

2. DOLOR

5. AL INTENTAR ...., ¿EN QUÉ SIENTES QUE FALLAS? ¿QUÉ PUNTOS CREES QUE NO ESTÁS HACIENDO BIEN?

6. ¿CÓMO TE HACE SENTIR QUE, A PESAR DE "DESCRIPCIÓN DE QUIÉN ES, SUS LOGROS Y TRAYECTORIA", AÚN ENFRENTES "DESCRIPCIÓN DE LOS PROBLEMAS MENCIONADOS"?

3. DESEOS

7. SI PUDIERAS CAMBIAR ALGO EN TUS VENTAS, FINANZAS O ECONOMÍA CON UN CHASQUIDO, ¿QUÉ PEDIRÍAS?

8. ADEMÁS DE ESE DESEO, ¿QUÉ OTROS OBJETIVOS TE GUSTARÍA LOGRAR FORMÁNDOTE CON .... AUGUSTO BIANCHI EN FIVE STARS?

9. SI TODO SALIERA COMO DESEAS, ¿CÓMO TE VES EN SEIS MESES EN INGRESOS, NEGOCIO Y VIDA?

4. PUZLE

10. ¿QUÉ CREES QUE TE HA IMPEDIDO HASTA AHORA ALCANZAR LOS RESULTADOS QUE BUSCAS? ¿QUÉ TE HA FRENADO O LIMITADO PARA LOGRAR "OBJETIVOS MENCIONADOS"?

11. PREGUNTA DE EPIFANÍA

12. ¿ESTÁS DISPUESTO HOY A DAR UN PASO ADELANTE PARA CONVERTIRTE EN ALGUIEN QUE "MENCIONAR SUS OBJETIVOS PRINCIPALES"?

ENGANCHE(S)

13. PARA MENTORES/INFOPRODUCTORES/MARCAS PERSONALES QUE DESEAN "MENCIONAR SUS OBJETIVOS" EXISTE

14. PONTE EN EL PERSONAJE DEL CLIENTE EXIGENTE, ESE BIEN DETALLISTA Y CABRÓN Y DIME: ¿QUÉ MÁS TE ESPERAS DEL PROGRAMA?

15. ¿HAY ALGÚN OTRO CONTENIDO, INFORMACIÓN O RESULTADO QUE SÍ PUDIÉRAMOS ASEGURARTE O GARANTIZARTE QUE LO LOGRES, ME DIGAS "ESTOY DENTRO DE ...., EMPECEMOS HOY MISMO"?

16. OKEY PERFECTO, FÍJATE QUE EN BASE A LO QUE ME CUENTAS PUEDES GENERAR RESULTADOS. LOS OBJETIVOS QUE TIENES SON REALIZABLES, SON POSIBLES, Y LOS VAMOS A LOGRAR, PERO NO DE UN DÍA PARA OTRO.

PRESENTACIÓN
3 pilares

01 INFORMACIÓN

17. ASÍ QUE "NOMBRE DE LEAD" DE LO QUE ESCUCHASTE HASTA ACÁ RESPECTO A

¿TE GUSTA?

02 INTROSPECCIÓN

18. ¿SIENTES QUE CONECTA CONTIGO Y CON LO QUE ESTÁS BUSCANDO HACER A DÍA DE HOY?

19. ¿TIENES ALGÚN TIPO DE DUDA, PREGUNTA O CONSULTA ANTES DE PASAR A LA PARTE DE INSCRIPCIONES Y PAGOS

03 EJECUCIÓN

20. PERFECTO, TE MENCIONE QUE HAY 3 PAQUETES...

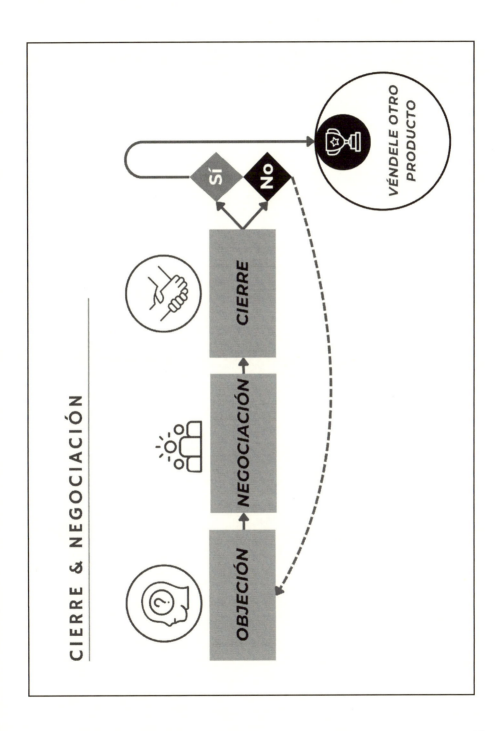

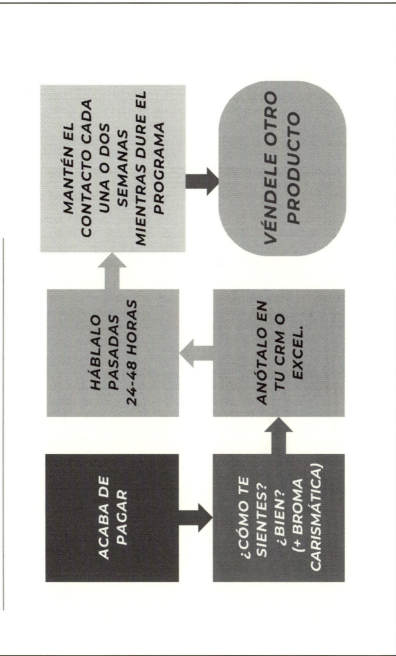

Made in the USA
Columbia, SC
06 February 2025

a830c12a-e68b-4526-8b5e-427394e8527cR02